紫图图书 出品

JEAN-JACQUES ROUSSEAU
DISCOURSE ON THE ORIGIN AND BASIS
OF INEQUALITY AMONG MEN

论人类不平等的起源和基础

[法] 让-雅克·卢梭 著 杜佳慧 译

江西人民出版社
Jiangxi People's Publishing House
全国百佳出版社
· 南昌 ·

图书在版编目（CIP）数据

论人类不平等的起源和基础 ／（法）让－雅克·卢梭著；杜佳慧译． －— 南昌：江西人民出版社，2025.8.
ISBN 978-7-210-16727-3

Ⅰ. B565.26

中国国家版本馆 CIP 数据核字第 2025Y8Z454 号

论人类不平等的起源和基础
LUN RENLEI BUPINGDENG DE QIYUAN HE JICHU

［法］让－雅克·卢梭 著
杜佳慧 译

策　　　划：	梁　旭
责 任 编 辑：	雷亚田
监　　　制：	黄　利　万　夏
营 销 支 持：	曹莉丽
特 约 编 辑：	高　翔
装 帧 设 计：	紫图图书ZITO®

江西人民出版社 出版发行
Jiangxi People's Publishing House
全国百佳出版社

地　　　址：	江西省南昌市三经路 47 号附 1 号（邮编：330006）
网　　　址：	www.jxpph.com
电 子 信 箱：	jxpph@tom.com　weh@jxpph.com
编辑部电话：	0791-86893801
发行部电话：	0791-86898815
承　印　厂：	艺堂印刷（天津）有限公司
经　　　销：	各地新华书店

开　　　本：	880 毫米 ×1230 毫米　1/32
印　　　张：	6.25
字　　　数：	119 千字
版　　　次：	2025 年 8 月第 1 版
印　　　次：	2025 年 8 月第 1 次印刷
书　　　号：	ISBN 978-7-210-16727-3
定　　　价：	55.00 元

赣版权登字 -01-2025-479

版权所有　侵权必究
赣人版图书凡属印刷、装订错误，请随时与江西人民出版社联系调换。
服务电话：0791-86898820

*

我们不应该考虑那些堕落的事物,
而应该在合乎自然法则的事物里观察自然。
亚里士多德:《政治学》,第一章,第二节。

***

卢梭肖像

让-雅克·卢梭（1712—1778），出生于瑞士日内瓦的一个贫困家庭，命运多舛，一生颠沛流离。1750年，因论文《论科学与艺术》获奖而在知识界初露头角。作为启蒙时代思想的杰出代表，卢梭的哲学思想在18世纪的欧洲引起了广泛的关注和讨论，并对后来的政治、社会和教育理论产生了深远的影响。他的《社会契约论》被誉为政治学的经典之作，《爱弥儿》奠定了欧美教育改革的重要思想基础，《忏悔录》更是开启了西方近代传记文学的新纪元。如德国文学家歌德所言："伏尔泰结束了一个旧时代，而卢梭开创了一个新时代。"

《论人类不平等的起源和基础》的卷首插画和扉页

  1749 年，卢梭为应征第戎学院征文撰写了《论科学与艺术》，提出了他长久以来的看法：科学与艺术的复兴不仅没有促进社会的进步，反而滋生浮华与奢靡，腐蚀了社会的道德风尚。次年获奖后，他一举成名。1753 年，卢梭再次应征第戎学院征文，撰写了《论人类不平等的起源和基础》，以独特的视角审视人类从自然状态向社会状态转变的历史进程，提出了私有制的出现是人类不平等根源的观点。这在当时是极具颠覆性的，它挑战了传统的社会和政治理论，并为后来的《社会契约论》奠定了理论基础。

卢梭与伏尔泰并肩同行

尽管卢梭曾深受伏尔泰影响,但随着他思想的逐渐成熟,两人之间的分歧愈加明显。1755年,卢梭将自己的论文《论人类不平等的起源和基础》寄给伏尔泰,伏尔泰却不无讥讽地说道:"读完您的书,我不禁萌生出用四条腿爬行的欲望。"此外,伏尔泰还针对《论人类不平等的起源和基础》写了许多激烈的批注。比如,当卢梭说"野蛮人没有强烈的欲望,同时又受到怜悯心的约束"时,伏尔泰便毫不留情地批评道:"你真愚蠢!难道你不知道北美的印第安人已经因战争而几乎灭绝了吗?"当卢梭认为私有制是不平等的起源,伏尔泰则怒斥说:"这不过是一种乞丐哲学。"

日内瓦风景图

　　卢梭对日内瓦有着深厚的情感和认知。他一直以"日内瓦公民"自称,直到晚年才放弃这一身份。他坚信,只有像日内瓦这样的小城邦,才能孕育出他所追求的道德关系与公民品格。在卢梭看来,日内瓦的共同体特性代表了他理想社会的核心,这种社会秩序不仅建立在自然法的基础上,还强调公民的道德责任与公共利益。卢梭构想的理想社会是一种民主制度下的共同体,公民通过规则选举产生,并根据自身的能力承担相应的职责。这一思想在《论人类不平等的起源和基础》与《社会契约论》中得到了充分体现。

罗伯斯庇尔等人遭到处决

　　卢梭去世不到十年,法国大革命爆发。雅各宾派掌权后,卢梭的忠实信徒罗伯斯庇尔将法国社会视为实践卢梭思想的舞台,试图按照卢梭提倡的自由和平等建立理想的平民国度。然而,在倡导美德的同时,罗伯斯庇尔却实施了极端的革命恐怖。这位既高举恐怖主义的血腥之剑,又高扬美德与信仰理想之花的"民主独裁者",最终也死在自己所推崇的断头台上。这一悲剧性的结局恰恰揭示了:卢梭思想具有的那种激情主义的形式,若被推向极端,不仅摧毁了所有对手,最终也吞噬了激情主义自身。

目 录

献给日内瓦共和国 … 001

前言 … 015

关于人类不平等的起源和基础 … 023

第一部分 … 029

第二部分 … 067

注释 … 107

附录 … 155

    菲洛普利的来信 … 157

    卢梭致菲洛普利的信 … 163

    伏尔泰先生的来信 … 173

    卢梭回复伏尔泰的信 … 179

问题

第戎学院提出的问题:
人与人之间不平等的起源是什么?
人类的不平等是否为自然法认可?

论人类不平等的
起源和基础

DISCOURSE ON THE ORIGIN AND BASIS
OF INEQUALITY AMONG MEN

关于注释的说明

出于闲散随意的写作习惯，我为这部作品添加了一些注释。这些注释有时离题太远，以至于不适合与正文一起阅读。因此，我把它们放在了文章的末尾，论文部分则尽量保持顺畅。对于那些有勇气再读一遍的读者，可能乐于在第二遍时有些新收获，从而试图浏览所有的注释；其他人若是根本不读注释也没有什么坏处。

致日内瓦共和国

尊敬的、伟大的、至高无上的诸位大人：

我深信国家只接受高尚的公民呈上的敬礼。因此，在过去的三十年内，我一直在努力使自己有资格向您表达我的敬意；这次幸运的机会在某种程度上弥补了我自身努力的不足。我认为自己有此殊荣，全因我内心的热情，而非我被授予的权利。有幸出生于你们之中的我，在思索自然赋予人们的平等与人们制定的不平等时，又怎能不反思这样一种深邃的智慧：在这个国家，这两者完美地结合，以最符合自然法则和对社会最有利的方式，维护公共秩序与保障个人幸福。在我寻找良知能为政府提供的最佳准则时，我惊奇地发现你们已将其付诸实践。即使我不是出生在贵国，也仍有必要向贵国人民介绍人类社会的这幅图景，因为贵国政府似乎已经拥有了所有其他政府的那些优势，却巧妙地避开了他们的弊端。

如果我能够选择我的出生地，我会选择这样一个国家，它的地域范围与人们的能力相称，换句话说，这个国家的人能够很好地治理它：在这里，每个人都能胜任其职，没有人需要把自己的职责委托给别人；在这里，人们交往密切、互相熟识，无论是邪恶的阴谋，还是朴实的德行，都逃不过大众的审视和评判；在这里，彼此相知的愉悦风气使人们将对国家的热爱转化为对公民的热爱，而不只是对这个国家土地的热爱。

我希望出生在这样一个国家，在这个国家里，统治者和人民的利益必须是一致的，这样，国家的所有举措都致力于为大众谋幸福。只有统治者和人民结合为一体，才能出现这种情况，因此，我希望出生在一个明智的民主政府之下。

我希望自由地活着，自由地死去。也就是说，无论是我还是其他人，都无法摆脱法律这个光荣的枷锁；法律这种温和而有力的枷锁，即使是最骄傲的人也会顺从地接受，因为除此之外，他们不应该受其他任何枷锁的束缚。

那时，我希望国家内没有人能够凌驾于法律之上；除国家外也没有人能够发号施令，强迫一个国家承认他的权威。因为，无论这个国家的政体如何，如果在其管辖范围内有一个人不受法律约束，那么其他所有人必然会受他的摆布。[注释一]如果国内有本国的统治者，国外有外国的统治者，无论他们如何划分权力，都不可能使人真正服从，国家也不可能得到良好的治理。

我不会选择生活在一个新成立的共和国里，无论它的法律有多么出色，我担心，政府的构架可能无法适应时代的需求，也可能会与新公民的意见相左，或者说新公民无法达到新政府的要求，这就注定了这个国家自成立之初就有被推翻和毁灭的危险。因为，自由就像那美味的食物或醇厚的美酒一样，适合滋养体魄强健的人，但对那些体质虚弱的人来说，只会摧毁他们的身体。这种情况一旦发展成习惯，就如同那些长期受主人管治的奴仆，无法逃离这种状态。当他们试图挣脱枷锁时就会发现，自己离自由越来越远。因为他们误以为自由是一种与之截然相反的肆无忌惮的放纵，并以自由为名走上革命的道路，但几乎所有的革命只会让他们成为煽动者的俘虏，给他们带来更沉重的枷锁。罗马人民是所有自由民族的典范，但当它脱离塔克文王朝①的统治时，却几乎没有自治的能力。由于奴隶制的压迫和强加在他们身上各种屈辱的劳作，使他们一开始就比愚蠢的作乱分子好不了多少，且必须以最伟大的智慧加以教养

---

① 据罗马的历史传说，罗马共和国建立之前，先后有七个王统治罗马，这个时期称为王政时代。王政时代的后三王为伊特鲁里亚人。他们在罗马的统治被称为塔克文王朝。塔克文王朝最后一任国王塔克文，在公元前510年被贵族和平民联合推翻，建立了共和国。

和治理，才能让在暴政下变得迟钝或野蛮的心灵，逐渐习惯于呼吸自由的健康空气，并使得他们逐渐获得严谨的道德和坚韧不拔的精神，最终成为最值得尊敬的人民。因此，我应该寻找一个和平而幸福的共和国作为我的祖国：这个国家的陈腐制度都已在悠久的岁月中消失殆尽；它经历的动乱只是为了彰显和加强其臣民的英勇和爱国之气；它的公民由于长期习惯于独立决断，不仅是自由的，而且无愧于自由。

我希望为自己选择的国家，它没有强大到有征服他国的能力，同时还处于一个相对有利的环境中，不必担心自己被其他国家征服。它位于多个国家中间的自由地带，没有哪个国家会侵犯它，且一些国家在必要时还为它抵御别国的入侵；简言之，这个共和国不会引起邻国征服的野心，但在需要时可以请求它们的援助。它处在这样一个幸运的地理位置，以至除了自身之外没有什么可担心的。即使人们操练武器，也不过是出于自由人应有的军事热情和勇敢精神以及对自由的爱好，而不是为了防卫的需要。

我希望寻求一个立法权属于全体公民的国家，因为他们比任何人都清楚应具备什么样的条件才能在一个共同的社会中更好地生活。我不赞成像罗马人那样采取全民公决的方式，因为在那个制度下，执政官和那些有志于保卫国家的人，反而会被排除在对国家安全来说最重要的审议之外[1];并且由于种种荒唐的矛盾政策,执政官员反而不能享有一般公民拥有的权利。

与之相反,为了制止那些谋取私利和考虑不周的计划,以及最终毁掉雅典人的种种危险的革新,我认为不是每个人都能随意提出新的法律,立法是政府官员才拥有的权力。即便是他们,在行使权力的过程中也应十分谨慎。此外,人民在认可这些法律时也应十分慎重。而法律的颁布则必须在十分庄重的场合下进行,以便在宪法修正之前,有足够的时间让所有人相信,法律之所以神圣不可侵犯,正因为其历史悠久。我推测,人们不久就会蔑视那些朝令夕改的法律,同时也会看不起那些以改革为借口而无视旧制的变法者和在解决小问题时带来大麻烦的人。

对于另一种治理不善的共和国,也是我想要远离的,因为在这样的共和国里,人民自以为可以不需要法官,或者只给他们极其有限的权力,还随意地将管理民政事务和执行法律的权力据为己有。这就是刚从自然状态中过渡而来的原始的政府组织形态,这也是导致雅典共和国灭亡的原因之一。

---

[1] 雅典城邦在平民中实行直接民主,由全体公民进行投票决定国家事务。由于雅典的人口庞大,集会常常变得混乱,决策过程缓慢且容易受到操纵。此外,参与政治决策也需要大量时间和精力,普通公民很难在日常生活中兼顾参与政治,导致政治权力被少数人垄断。

我会选择这样一个共和国：立法权属于全体公民，他们在执政官的提议下，集体商讨最重要的公共事务，建立光荣的法庭，仔细划分行政区域，并年复一年地从他们的同胞中选出一些最有能力和最正直的人来主持正义和治理国家。简而言之，在这个社会里，法官的德行昭示了人民的智慧，每个阶级都互相尊敬。即使出现重大的误解扰乱了公共和平，处在盲目和错误中的人们也能保持一定的节制，依然互相尊重、共同遵守法律。这才是一个真诚且持久和平的国家应拥有的标志和保证。

尊敬的、伟大的、至高无上的君主们，这就是我在我选择出生的国家里所能寻求的所有好处。若神眷顾，在所有这些优势之外，再加上宜人的环境、温和的气候、肥沃的土壤和天下最美丽的乡村，那么我将非常幸福，为这个幸运的国家拥有的一切美好感到快乐。我将和我的同胞们安详地生活在这个温馨的社会中，以他们为榜样，来践行友好、仁爱等一切美德，给世人留下一个善良、正直、有品德的爱国者的美名。

但是，或许是我不那么幸运，又或许是明理太晚的缘故，让自己沦落他国，在衰弱和颓废中度过一生，徒然悔恨年轻时因轻率鲁莽而失去安宁的生活。[1]尽管我没有机会在祖国享受

---

[1] 卢梭自幼家境贫寒，幼年丧母，10 岁那年又成了孤儿，16 岁开始漂泊流浪。他当过学徒、家庭教师，替人抄写过乐谱，打过杂役，甚至曾沦落为窃贼。不幸的童年遭遇和流浪生活使卢梭更有机会接触那些生活在社会底层，命运同样十分悲惨的劳动人民。

这一切，但至少在心中还蕴藏着这份感情。我的同胞们，怀着对你们温柔而无私的爱，我愿以最深的情意，对你们说出如下言辞：

"我亲爱的同胞们，或者说我的兄弟们，既然血统和法律让我们紧密相连，那么让我感到高兴的是：每当想到你们，我便会想到你们享受的一切幸福，或许你们中没有人比我更能感受到它们的可贵，因为我已经失去了属于我的那份幸福。我越是反思你们的政治和社会状况，就越是无法想象会有人在人类事务中比你们表现得更好。在其他国家，当涉及确保国家最大利益的问题出现时，所有事情只停留在美好的构思阶段，至多不过是讨论某种程度的可能性而已。至于你们这群已经缔造幸福的人，除了享受之外无须再做其他的事；你们只需满足于现状，就能获得至高无上的幸福。你们用武力获得或收复的主权，在过去的两个世纪里，依靠你们的英勇和智慧得以维持，现在终于得到了全世界的认可。光荣的条约确定了你们的国界，保障了你们的权利，也巩固了你们的安宁。你们的宪法非常出色，因为它是在卓越理性的指导下建立的，并由伟大而友善的强国保护着。你们的国家享有完美的安宁；你们既不惧怕战争，也不惧怕征服者；你们唯一的主人是由你们自己制定的法律，而这些法律是由你们自己选出的正直的官员来管理的。你们既没有足够富裕到因过度安逸而变得颓废，进而在追求浅薄的快乐中失去对真正幸福和高尚道德的爱好；也没有贫穷到自己的工业无法自足，而不得不向其他国家申请援助。这种在大国中只能用苛重的赋税来维持的自由，对你们来说，几乎不需要付出任何代价。

"这样的共和国，它的组织架构是多么完善且合理，为了给其他国家作榜样，也为了本国公民的幸福，但愿它能永世长存！这是你们唯一要做的祈祷，也是唯一需要为此奋斗的。为了未来，这只能依靠你们自己（不是去创造幸福，因为你们的祖先已经为你们创造好了），靠你们的智慧使这种幸福维持下去。国家的存亡取决于你们能否团结一心、遵守法律并尊重法律的执行者。如果你们中间还残存着一丝一毫的怨恨或不信任，那就赶紧消除掉，否则它迟早会成为导致国家灭亡的导火线。我恳求大家扪心自问，倾听良知的声音。在你们中间，有谁能找到一个比你们的执政官更正直、更开明、更可敬的人吗？难道不是他们为你们树立起节制、朴素、遵纪守法和与人为善的榜样吗？因此，请毫无保留地相信你们的执政官，这份信任是有理智的人对有德行的人应有的表示。想想看，他们是你们自己的选择，而他们也证明了你们的选择是正确的，你们拥戴的人应得的荣誉，也必将回到你们自己身上。你们中没有一个人会不知道：当法律失去了效力，当捍卫法律的人丧失了权威，没有任何人可以继续享有安全和自由。因此，你们除了充满热情、满怀信心地这样去做，还有什么可犹豫的呢？这才是你们的职责，也是真正的利益所在。

"在维护宪法的时候，不要用应受惩罚和冷漠的态度忽视那些最明智、最热心的人提出的审慎忠告；而应该让公平、克己和坚强的意志继续规范你们的行为，并向全世界展示出一个英勇而谦虚，热爱名誉也热爱自由的民族的榜样。尤其需要小心的是，你们要特别提防那些别有用心地曲解和凶险恶毒的谣言，因为它们往往裹挟着不可告人的动机，这个动机往往比它支配下的行动更加危险。一只忠实可靠的看门狗只有在小偷靠近时才会吠叫，全家人都会在它发出的第一声中清醒过来；相反，如果是那些整天狂吠扰乱公共安宁的狗，即便它发出了正确的警报声，也不会有人相信它们。"

而你们，最尊贵、最伟大的执政官们，一个自由民族值得尊敬的官员们，请允许我特别向你们致以我的敬意和忠心。如果说世界上有什么位置能让担任此职的人们感到光荣，那无疑是由美德和才能共同造就的职位，是你们自己配得上的职位，也是你们的同胞提拔你们担任的职位。公民的功勋为你们的荣耀增添了新的光彩；同时，由于你们是由那些有领导能力的人选出来领导他们的，所以你们优于任何其他政府的官员，就像一个在智慧与理性指引下的自由的民族（尤其是你们有幸统治的民族），远远优于其他国家的民众一样。

请允许我举一个例子，这是一段美好的回忆，经常浮现在我的心头。我一回忆起那位贤德的公民，一种最甜蜜的情感便油然而生，也是他赐予我生命。在我幼年时，他经常教导我应当尊敬你们。我至今仍能回想起他生前用双手劳作的场景，那时，他用最崇高的真理滋养着自己的灵魂。我看到塔西佗、普鲁塔克和格劳秀斯①的作品摆在他面前，与做手艺的工具放在一起。在他身边，站着他亲爱的儿子，正接受着这位伟大父亲的谆谆教诲。遗憾的是，他的儿子并没有在其中得到什么启发。但是，如果说年轻时的愚蠢让我一度忘记了他的教诲，那么现在我终于幸运地意识到，无论一个人有怎样的恶习，一份慈爱的父爱带给他的教育不可能完全无用。②

我最尊贵、最伟大的执政者们，这就是你们治理之下的

---

① 塔西佗是伟大的罗马历史学家，其最主要的著作有《历史》和《编年史》等等。普鲁塔克是非常著名的希腊传记作家，以《比较列传》（又称《希腊罗马名人传》或《希腊罗马英豪列传》）一书闻名后世。格劳秀斯是颇具影响力的荷兰法学家，其名著《战争与和平法》不仅是重要国际法著作，而且是西方资产阶级人权学说的基础自然法或自然权利理论的开创性著作。

② 卢梭的父亲叫伊萨克·卢梭，是一位钟表匠。卢梭在《忏悔录》中提到，他的父亲拥有公民身份，并且卢梭也继承了这一身份。这个出身对他的平民意识和民主思想有关键性的影响。根据卢梭后来的描述，他的父亲对他进行了多方面的教育，既包括共和式爱国主义思想的灌输，也包括阅读普鲁塔克等论述罗马共和国的古典作家作品。

那个国家的普通居民，这就是那群学识渊博且通晓事理的公民。而在其他国家中，人们经常以工人和平民来称呼他们，总对他们抱有一种鄙视的观念——这是十分错误的。我很高兴地承认，我的父亲在他的同胞中并不出类拔萃，然而，就是这样的人，无论身处何处，大家都喜欢与他交往，即使品德高尚的人也能在这种交往中受益。本不该由我来提醒你们，这些人应当得到你们的尊重，他们与你们一样，接受同样的教育、拥有与生俱来的权利。只是由于他们自己的意愿，由于他们对你们的功绩应有且已表现出的敬爱，才成为你们的臣民。他们如此敬爱你们，你们对他们也应当心存感激之情。我非常欣慰地看到，在面对他们的时候，你们是以何等谦恭、和蔼的态度缓和了执法者应有的严肃；你们还用重视和关怀来报答他们的尊敬和服从。这种明智的做法可以让那些本该遗忘的且不应再被提及的不愉快的事件渐渐被忘却。也正是这种英明的举动，使得慷慨、公正的人民以履行自己的职责为乐，自然而然地表达对你们的敬意，而最热心维护自己权利的人同时也最愿意尊重你们的权利。

一个文明社会的统治者心系其社会的福祉和荣耀，这本不足为奇；但是，如果有些人把自己当作另一个更加神圣、更加崇高的天国的官员，或更确切地说，视自己为这个天国的主人，那么这些人即使对养育他们的祖国表达热爱，也不利于人类灵魂的安宁。然而,我们的人民却是一个罕见的例外,我非常高兴地发现,我们最优秀的公民是那些对法律抱有神圣信仰的人,他们堪称人类灵魂的导师,他们的雄辩引人入胜,更能将福音的准则深入人心,因为他们本身就是将这些格言付诸实践的第一人。全世界都知道日内瓦的布道艺术取得了巨大的成功。但人们早已看厌了布道坛上说一套、做一套的嘴脸[①],因此很少有人会相信,在我们的牧师队伍中,居然有那么纯洁的基督教精神、圣洁的品德,以及严于律己和宽以待人的优良作风。或许,只有日内瓦城才能创造出教士与文人如此完美结合的楷模。他们的智慧、他们克己的精神以及他们对国家繁荣的热忱,在很大程度上促成了我对这个国家永久安宁的期待。与此同时,我还欣喜地注意到,他们是多么憎恶那些残酷的人们信奉的可怕信条:他们为了维护所谓的神权,其实也就是他们自己的利益,一边大肆杀戮;另一边,却希望自己的生命永远受到尊重——这在历史上屡见不鲜。

我绝不会忘记在共和国里占有半数人口的可敬的妇女们,

[①] 卢梭讽刺那些宗教人士只关心天上的事物,却对人间的事物漠不关心。卢梭在《社会契约论》中也说:"基督教是一种纯精神的宗教,它一心只关怀天上的事物;基督教的祖国是不属于这个世界的,的确,基督徒在尽自己的责任,然而他是以一种深沉的、绝不计较自己的成败得失的心情在尽自己的责任。只要他自己问心无愧,无论世上的一切是好是坏,对他都无足轻重。"

是她们给另一半带来了幸福，是她们的温柔和智慧维护了共和国的和平安宁。日内瓦可爱而贤惠的女儿们，你们女性的命运始终主宰着我们男性的命运。我们是幸福的，只要恰当地运用并发挥你们在家庭或夫妻关系中的影响力，这个国家的荣耀和公众的幸福就有了保障。在斯巴达，女性曾占优越地位；而在日内瓦，你们也依然如此。哪个男人会像野蛮人一样，抗拒从一位富有柔情的妻子口中发出的友善和理智的声音呢？看到你们简单朴素的衣着散发出的光彩，谁不认为这是对美丽的最好诠释？谁不鄙视那无聊的奢华呢？你们的职责是：用你们温柔而有力的权威，循循善诱，教导人们尊重法律、促进人与人之间和谐相处；通过美满的婚姻将破碎的家庭重归于好；最重要的是，用你们具有说服力的言辞和谦逊优雅的谈吐，纠正我们的年轻人可能在他国染上的恶习。在那些国家，他们几乎没有学到任何有益的东西，除了在放荡的女人那里学来轻佻的语调和荒唐的举止之外，也就剩下对所谓高贵显赫的赞赏，这其实不过是作为奴隶的微不足道的补偿而已，而与真正伟大的自由毫不相干。因此，你们要永远保持自己的本色，做道德的忠贞卫士，做和平的良好纽带，为了责任和道德，继续行使自然和良知赋予你们的权利吧。

我自认为，将公民的普遍幸福和共和国的荣耀建立在这样一个基础上，是永远不会被证明是错误的。然而，必须承认的是，即便有这些优势，共和国也不会因此变得光彩夺目。仅仅追求这种光芒，是很肤浅也是很不幸的，因为这种嗜好是幸福和自由最致命的敌人。

让那些放荡不羁的年轻人到别处去寻找肤浅的快乐，然后慢慢追悔吧。让自命不凡的人们到别的地方去赞美那宏伟的宫殿、华丽的马车、奢华的家具、讲究排场的戏剧，以及一切奢华和糜烂的事物吧。日内瓦除了平凡的人，什么都没有；然而，能见到平凡的人，这件事情本身就有莫大的价值，和那些浮华的事物相比，也是毫不逊色的。

尊敬的、伟大的、至高无上的执政者们，我对你们的共同幸福寄予莫大的关怀，希望你们能接受我满怀敬意的宣言。倘若我的这番热情洋溢的肺腑之言有任何不妥之处，我恳请你们原谅，并将其视为一个真正爱国者的衷情，视为一个热心人正当的热情，因为他认为自己最大的幸福莫过于看到你们幸福。

尊敬的、伟大的、至高无上的执政者们，我谨向你们致以最深切的敬意！

您最卑微、最顺从的仆人和同胞

让-雅克·卢梭

1754年6月12日于尚贝里

前言

在人类的各种知识中,我认为最有用却最不完善的是有关"人"的知识。[注释二]我敢说,德尔斐神庙上的那句铭文①,比伦理学家们的一切巨著都更艰深,也更重要。我认为以下论述的主题是哲学所能提出的最有趣的问题之一,但不幸的是,这也是哲学家不得不解决的最棘手的问题之一。因为,如果我们不从认识人类自身开始,又如何能够知道人类不平等的起源呢?而且,人在时光流转中必然会产生某种变化,我们若不通过这些变化,又如何能分清哪些是自然赋予人类的先天特征,哪些是受环境与人的进步的影响而产生的后天特征?就像格劳

---

① 即"认识你自己",这句话曾引起过无数智者的深思,后来被奉为"德尔斐神谕"。

科斯①雕像那样，经历时间、海水与风暴的侵蚀，已没有了神灵的模样，而更像是一头野兽。人类的灵魂也是如此，在多种因素的持续影响下，在接受诸多知识与谬误的过程中，在身体结构的变化和欲念的冲击下，它早已面目全非，原貌几乎无法辨认。我们发现，人类早已摆脱了一成不变的规则，也丧失了神圣的创造者曾赋予的那种天人合一、庄严肃穆的朴素，而只是自认为合理的激情和处于混乱状态中理智之间的畸形对立。

更残酷的是，人类的每一次进步，都会离原始状态越来越远；我们获得越多的新知识，便越会失去获得最重要的知识的途径。因此，从某种意义上说，正因为我们努力研究人类，才导致无法真正了解人类。

不难看出，我们必须从人体构造的不断变化中，来寻找区分人类差异的起源，可以说，人和其他动物一样，都是生来平等的，直到各种各样的原因使某些动物发生了一些可见的变化。事实上，我们并不认为这些已经发生的变化，会以相同的方式改变物种中的每一个个体。我们很自然地会想到，当其中一些个体的状况时好时坏，获得了各种并非与生俱来的好的

---

① 格劳科斯是希腊神话中一位鱼尾人身的海神。在古罗马诗人奥维德的《变形记》故事中，格劳科斯原先是一个年轻的凡人渔夫，后来因为吞食了一种可以使鱼起死回生的药草变成海神。《变形记》是奥维德的长诗代表作，共15卷，包括250个古希腊、罗马神话故事。

或坏的品质时，另一些个体却长期保持着原来的状态。毫无疑问，这就是人类不平等的最初根源，笼统地指出这一点要比精确地归纳其真实的原因要容易得多。

因此，读者们不要以为我已经看到了在我看来难以发现的东西。我在这里不过是进行了一些推理，并作了一些猜测，与其说是希望解决这个难题，不如说是为了让问题变得更明确，从而恢复其本来的面目。也许别人可以很轻易地在这条道路上走得更远，但没有人可以轻易地到达终点。因为，要正确区分人的原始本性和后来发展的本性，或对一种不再存在、也许从未存在过、也许永远不会存在的状态形成真正的认识，这绝不是一件轻而易举的事情。然而，只有把握这种状态，才能更好地判断人类现在的状态。要对这个问题进行深入的研究，必须拥有一套更好的哲学方法。在我看来，如果谁能很好地解决下面的问题，那他就配称为当代的亚里士多德和普林尼①：为了了解自然状态下的人类，哪些实验是必需的？又该如何进行这些实验？

对于这些问题，我虽然并未解答，但是我已经对它进行了一番深刻的思考。我敢打赌，即使我们最伟大的哲学家也无力

---

① 这里指老普林尼，以区别他的外甥和继子小普林尼，古罗马百科全书式的作家，以《自然史》（又译《博物志》）一书著称。

指导这样的实验，即使我们最强大的统治者也不会进行这样的实验。如果我们期待他们共同合作，尤其是期待他们双方为了实验的成功，肯以坚忍的毅力或者说以无穷的智慧和必要的善意共同协作，那是很不合理的。

这些调查尽管如此困难，迄今为止也很少有人考虑过，但它们却是我们了解人类社会真正基础的唯一途径。正是这种对人类本性的无知，才给自然法①的真正定义带来了诸多的不确定性和模糊性。正如布拉马克②所说："法"的观念，尤其是"自然法"的观念，显然与人的本性密切相关。他认为，我们应该从人的本性出发，从人类的构造和所处的环境着手，推导出这门科学的首要原则。

我们不无惊奇地发现，不同的作者在论述这一重大主题

---

① 自然法学说源远流长，其解释也多种多样。古希腊和古罗马的思想家、法学家就已经提出把法分成自然法和人定法的观点，认为自然法高于人定法，是评价人定法的标准。中世纪的经院哲学家将自然法归入神学的范畴，认为自然法就是上帝意志的体现。17 至 18 世纪欧洲资产阶级革命时期，出现了以霍布斯、洛克、孟德斯鸠和卢梭等为代表的古典自然法学派。他们认为自然法是人类理性的体现，从自然法出发，又引申出"天赋人权""法律面前人人平等""法制""民主"等基本原则。

② 在这里，卢梭引用日内瓦学院的自然法教授让－雅克·布拉马克的观点。布拉马克是 18 世纪瑞士日内瓦重要的自然法理论家，他认为自然法既以上帝为作者、是他的意志和命令，又植根于人的内在本性、构造和状态。

时，几乎没有达成一致的意见。在比较权威的作家中，几乎没有哪两个人持有相同的观点，更不用说那些古代哲学家们，他们甚至在最基本的准则方面进行辩驳。罗马法学家们不加区分地将人和其他动物置于同样的自然法之下，他们认为，自然法这个名称，与其说是自然界制定的法则，不如说是自然自身的运行规则；或者更确切地说，这些法学家们是以一种独特的方式来理解"法则"这个词，他们认为自然法是大自然为所有生命体共存而创立的规则。而现代的法学家们却将"法则"视为一种由理性、智慧、有道德的生物制定的，规范该生物与其他生物之间关系的规则。因此，对他们而言，自然法的适用范围仅限于人类，因为人是唯一具有理性的动物。但是，他们每个人以各自不同的方式来诠释这一法则，并将其建立在某些形而上学的原则之上，以至极少有人能够理解这些原则，更不用说自己发现这些原理了。尽管这些学者所下的定义永远处于相互矛盾的状态，但在这一点上却是一致的，即他们认为只有推理家或玄学家才能理解自然法则，除此之外，没有人可以理解它们，因而也就无法遵守自然法则。这就好比说，人类在建立社会的过程中，一定使用了智慧，即使在社会状态下，这种智慧也需要经过艰苦的努力才能被发展，而且只有极少数人才能获得这种智慧。

我们对自然界知之甚少，对"法"这个词的含义又莫衷一是，因此很难给自然法下一个全面的定义。我们在书本上看到的那些定义，除了极不一致这一缺陷之外，还有一个缺点，那就是它们不是从自然状态下，人类天生拥有的知识中提炼出来的，而是在脱离自然状态之后，从实际利益中引申出来的。现代学者为了共同利益，往往会寻求一些被大家共同认可的法则，然后将这些法则综合起来，称之为自然法，除了想当然地认定普遍实行这些法则会带来好处之外，他们没有提供任何论证过程。这种下定义的方式是最简便的，几乎全凭主观臆断来解释事物的性质。

但是，由于我们对自然人一无所知，因此，我们想确定自然人遵循的法则或最适合其构造的法则，那是白费力气的。关于这条法则，我们唯一能确定的是：它不仅需要受它约束的人能自觉地服从它，而且要想成为自然的法则，它必须合乎自然逻辑。

因此，抛开所有科学书籍（它们只能让我们看到人类既有的模样）来思考人类灵魂最初和最简单的运作，我想我可以在其中发现两个先于理性的原则，其中一个让我们对自身的幸福和生存深切关注；而另一个则使我们在看到任何有知觉的生物，尤其是我们的同类遭受痛苦或死亡时会产生天然的反感情绪。在我看来，所有的自然法则都是从这两个原则的协调和配合中衍生出来的，而无需引入社会性原则。随后，理性通过不断的发展，终于达到抑制天性的程度，那时候，便不得不将这些法则改建在其他基础之上了。

这样看来，在人未成为人之前，绝没有必要使人成为哲学家。一个人对他人尽责并不是后天教育所致，只要他不抗拒怜悯心的自然冲动，他就永远不会伤害其他人，甚至不会伤害任何有知觉的生命，除非在正当的情况下，当他的生命受到威胁，才不得不先保护自己。通过这种方式，我们也结束了关于是否将动物纳入到自然法这一旷日持久的争论：因为很明显，动物是没有智慧和自由意志的，它们无法认识自然法则；然而，它们却具有自然赋予的感性，在某种程度上与我们的本性相同，因此它们是受自然法则约束的，这样，人类也需要对它们负责任。事实上，我不愿伤害我的同类，是因为他是一个有感性而非理性的生命体，这一特性是人与野兽共有的，因此，动物拥有不被虐待的权利。此外，关于最初的人类、人的真正需求以及人的基本义务原则的研究，是我们解决种种难题的唯一适合的途径。这些难题包括政治组织的真正基础、组织成员相互间的权利，以及很多非常重要但还没明确阐释的问题。

如果我们用冷静而无私的眼光来审视人类社会，起初，我们看到的似乎只是强者对弱者施加的暴力和压迫。人们会为一方的残忍而震惊，或为另一方的盲目而悲叹。然而，在人类社会中，没有什么比强弱、贫富更不持久与稳固的关系了，这些关系往往是由于历史的偶然促成的，而非智慧产生的，因而，所有的人类制度乍一看似乎只是建立在流动的沙岸之上。只有仔细观察，拂去大厦周围的尘沙，我们才能瞥见这一建筑底层的不可动摇的根基，才能学会尊重人类社会的基础。然而，如果没有对人、人的天赋能力及其后续的发展进行深入探究，我们将永远无法做出这些必要的区分，也无法在事物的实际构成中将神之意志的产物与人类艺术的创作区分开来。因此，由这一重要问题引出的有关政治和道德研究，从各方面来看，都是有益的；我推测的政体发展历史对人类而言也具有一定的参考价值。

设想如果任由我们自己发展，我们会变成什么模样？在考虑这个问题时，我们应该庆幸有这样一个人：是他纠正了我们制度中的弊端，使它们有了一个不可动摇的基础，也预测到了制度结构可能导致的混乱，并用一种看似会给人带来痛苦的方式铲除了混乱的根源，给我们带来了现有的幸福。

神要你做什么样的人？

现在，你在人类中居于何种位置？

请细细思量。

关于人类不平等的起源和基础

我要讨论的是人，这个主题指引我向各位阐述它。如果诸位智者忌惮揭示真理，也就不会发起这类征文了，因此，我站在了这里，在所有邀请我的智者面前，满怀信心地为人类辩护，倘若能无愧于这个题目和各位评审的话，我将感到无比荣幸。①

我认为，人与人之间有两种不平等：一种我称之为自然的或生理上的不平等，这种不平等是由自然造成的，主要体现在年龄、体质、体力、智力以及心灵等方面；另一种可称之为道

---

① 卢梭在《忏悔录》中这样叙述此篇论文的来源："我想那是1753年的事，第戎学院发表了'人类不平等的起源和基础'征文启事。这个伟大的题目震惊了我，第戎学院怎么敢提出这样的题目。好吧，既然它有勇气提出来，我也有勇气来加以研究，于是我报名应征了。"

德的或政治的不平等，这种不平等起于某种协议，经人们同意而设定，或者至少为人类共识所认可。后一种不平等赋予一部分人特权，相反，处于劣势的人则没有，比如，比他人更富有、更尊贵、更有权势，抑或能让他人服从自己。

我们没有必要去探寻什么是自然不平等的起源，因为从字面意思上就能得出答案。同样，追问这两种不平等之间是否存在任何本质上的联系，也是毫无意义的。因为这只不过在问：支配者是否一定优于服从者，一个人的体力或智力、才能或品德是否总能与他们的权力或财富相匹配。让奴隶在他们的主人面前讨论这种问题也许是合适的，而让那些有理性、拥有自由意志并执着于追求真理的人提出这个问题，则是非常不合适的。

那么我们这篇论文究竟要探讨什么问题呢？我把它总结为以下问题：一、在事物的发展过程中，权利何时代替了暴力、自然何时让位于法律？二、到底发生了什么奇迹，使强者甘心为弱者服务，使人们甘愿放弃实际的幸福来换取空想的安宁？

所有探究社会基础的哲学家们都意识到了回归自然状态的必要性，然而实际却没有一个人做到。有些人毫不犹豫地把"正义"和"非正义"的观念归结于处于自然状态下的人类，却没有指出他们为何会有这种观念，甚至没有说明这种观念对他们有何用处。另一些人谈到自然权利，认为每个人都有保护一切属于自己的东西的权利，但没有解释他们说的"属于"是什么意思。还有人一上来就赋予强者以统治弱者的权力，然后直接谈到了政府的诞生，认为政府由此产生，却忽视了一个重要问题，即需要经历多长时间，人类才会接受"权力"与"政府"这两个概念。总之，他们每一个人都在各自的著作中极力讨论匮乏、贪婪、压迫、欲望和骄傲，把人类在社会状态下的观念直接搬到了自然状态中；因此，在谈到野蛮人时，他们实际描述的却是社会状态中的人。我们的大多数学者甚至从未对"自然状态"的存在产生过怀疑，但当我们翻开《圣经》后就会发现，第一个人自一出生便从上帝那里获得了智慧和训诫，他从未在自然状态下生活过；如果我们像每一个信奉基督教的哲学家那样信仰摩西，就必须承认，即使在大洪水来临之前，人类也并非处在真正的自然状态下，除非，他们确实因为某种非常特殊的情况而重新回到了自然状态，那又另当别论。这确实是一个悖论，既经不起推敲，又无法证明。

那么，让我们先把事实放在一边，因为它们并不影响这个问题。在讨论这个问题时，我们不应该把论述的观点看作历史的真相，而只能将它们视为假定的和有条件的推理，其目的是阐明事物的性质，而不是确定其真实的来源，就像我们的物理学家每天在研究宇宙的形成时所作的假设一样。宗教让我们相信，上帝刚把人创造出来就立即使他们摆脱了自然状态，人之所以不平等，只是因为上帝的意志就是如此。但宗教并不禁止我们只根据自我的天性与周围的事物做出某些推论：如果任由人类自然发展，那他们究竟会变成什么样子？这正是我要回答的问题，也是我在这篇论文中将要探讨的主题。由于我的主题涉及全人类，因此我尽可能地使用一些适合世界各国人民的语言，或者抛开时间和地点，只考虑听我讲话的那些人。我设想自己是在古代雅典的学院里，反复吟诵导师的教诲，以柏拉图和色诺克拉底①为评判官，而听众就是全人类。

　　人类啊，无论你是哪国人，也无论你的观点如何，请听我说！这就是我读到的有关你们的历史，但不是在你们同类那骗人的书中得来的，而是从客观的大自然中获得的。源于自然的一切都将是真实的，如果偶有虚假，那也一定是我不小心掺杂了自己的意见。我要讲的时代已经非常遥远了，而你们也与之前有所不同！可以这么说，我要描述的是你们这类人的生活，我将从你们后天获得的品质出发进行描述，因为即使你们原有的品性已经为教育和习惯败坏，也不至于完全被摧毁。我觉得曾经存在一个人类个体想要停留的时代，而你们也在寻找那个

---

① 色诺克拉底，古希腊哲学家，柏拉图杰出的弟子之一。公元前339年起任柏拉图学园（柏拉图约于公元前387年在雅典附近所创办的学校）的领袖，直至终年。

时代。你们对自己的现状感到不满,并预感你们不幸的后代将会感到更大的不满,或许你们更愿意回到从前。这种情感无异于对你的始祖的颂扬,对你的同代人的批评,并且会使不幸生在你之后的人感到震惊。

第一部分

要想深入探寻人类的自然状态，考察人的起源，从人类最初的胚胎时期进行研究固然重要。但我并不想通过观察人类的发展轨迹来研究他们的身体构造，也不打算追问人是如何从最初的样子，最终变成现在这个样子，更不会作如下的探究：是否像亚里士多德假设的那样，今天人的长指甲最初不过是弯曲的爪子；是否在原始状态下，人也像熊一样，毛发旺盛；以及人最初是否用四肢爬行，目光专注地面，导致视野太过有限，限制了思想的发展。在这些问题上，我只能得出一些大致的猜想。比较解剖学至今仍没有什么进展，博物学家的观察又有太多的不确定性，因而他们的观点不能作为科学的、可靠的依据。这样，在这个问题上，我不借助于有关这方面的超自然知识，也不考虑人类因为将四肢用于新的用途和食用新的食物而发生的躯体变化，我假定那时的人类和现在一样，直立行走

[注释三]，灵活地运用双手，目光遍及整个大地，眼睛探索着广阔的天空。

对于这样的人类，如果将所有那些超自然的天赋和因长期进化才能获得的一切人为的能力从他身上除去，也就是说，如果只观察一个从大自然中新生的人，那么我们就会看到人这种动物，并不比别的动物更加强大或是敏捷，但是人的身体构造却是所有动物中最完善的。我看到，只要他能找到橡果充饥，找到小溪解渴，还能在橡树下睡上一觉，那他全部的需求也就得到了满足。

如果大地还处于自然生长的肥沃状态[注释四]，上面覆盖着未遭斧头砍伐的广袤森林，那么这样的大地就能为各种动物提供食物和栖息地。生存在动物群体中的人类，通过观察和模仿其他动物生存的技能，逐渐具备了兽类的本能。人类还有一个比其他动物更为优越的地方：每种动物都只局限于一种特定的技能，而人类虽没有属于自己的天赋技能，却可以学会其他动物的生存技能。此外，其他动物的大多数食物人也能吃[注释五]，因此人比任何一种动物都更容易找到食物。

人类从小就生活在恶劣的气候条件下，不得不忍受疲劳，被迫赤身裸体、手无寸铁地保护自己和猎物免受其他凶猛动物的攻击，或者通过逃亡来躲避它们的追击，因此练就了强健的体质。孩子从一出世就继承了父辈强壮的体质，再通过后天的各种训练,他们的身体更加结实。自然对待他们,就像斯巴达对待其公民的孩子一样:只留下体格强健的孩子加以培养,使他们变得强壮有力,而逐渐淘汰体质弱的孩子。这与现代社会不同,在我们的社会中,国家让父母负担抚养孩子的高昂费用,从而使很多孩子在出生前就被不加区分地杀死了。

野蛮人的身体是他唯一拥有的工具,他们将其应用于各种不同的用途,但由于缺乏锻炼,我们的身体不再具备这些用途了。正是现代技术使我们丧失了野蛮人必备的力量和敏捷。如果他有一把斧头,他还能徒手折断那么粗壮的树枝吗?如果他有投石器,他还能如此有力地投掷石头吗?如果他有一架梯子,他还能如此灵活地爬树吗?如果他有一匹马,他的脚步还会如此矫健吗?如果文明人将这些工具都准备齐全,那么毫无疑问,他会轻而易举地打败野蛮人。但如果你想让文明人和野蛮人赤手空拳进行较量,那你很快就会发现,文明人和野蛮人之间的差距有多大。你就会明白野蛮人不断地积攒这些力量,时刻准备进行战斗并且总能全身心地投入战斗的优势了。[注释六]

霍布斯[①]认为,人天生勇猛,一心只想进攻和战斗。另一

---

① 霍布斯,英国哲学家,著有《论物体》《利维坦》等。霍布斯对人性的看法颇为悲观,认为人在自然状态中是侵略者,即在没有法律和社会组织的情况下,人类会陷入一种"人人互相为敌的状态",而人生在这种自然状态下便是"孤独、贫困、污秽、野蛮又短暂的"。

位杰出的哲学家则持相反的观点①，坎伯兰和普芬道夫②也认为，没有比野蛮人更胆小、更害怕的了；他们总是战战兢兢，一听到最轻微的声响或看到最微小的动作就吓得发抖并准备逃走。面对一些没有见过的事物时，这种情形可能是真的。我也毫不怀疑，他们会被任何一种可能出现的新奇事物吓坏，因为他们无法判断这件事情到底是好还是坏，也无法预估自己是否有足够的力量去应对未知的危险。然而，在自然状态下，这种情况很少发生，因为在自然界中，所有事物的运行都是统一且单调的，大地也不会因为聚居人群的贪婪或善变而变得不稳定。对野蛮人来说，他们散居于各种动物之间，不断地与野兽争斗，因而他们能迅速地将自己的力量同野兽做对比，当发现自己在灵敏度方面更占优势，他们就知道不必再惧怕野兽了。如果让一个健壮、敏捷、果断且手上拿着石块或棍子的野蛮人

---

① 指孟德斯鸠，他在《论法的精神》第一卷说："自然状态下的人具有认知能力，但知识相当贫乏。人的最初思想显然绝非思辨意识。人首先想到的是保存自己，然后才会去思索自己来自何处。因此，人起初感到的是自己的弱小，因而极端怯懦。如果需要对此提供实证，那么丛林中的野蛮人便是。任何东西都会使他们战栗，任何响动都会把他们吓跑。"

② 普芬道夫，德国法学家和史学家，是近代世界范围内最杰出的自然法学思想家。他虽然赞同霍布斯的观点，认为人具有自私、自爱的本性和恶意、伤害他人的倾向，但他同时也认为人类具有寻求自我保护的本能和由此产生的与同类联合过安宁生活的强烈愿望。

去对付一头熊或一头狼，你会发现，他们不分上下，双方都会有危险。在经过几次这样的试探之后，那些本就不好斗的野兽就不会再攻击人了，因为它发现这些野蛮人和自己一样野蛮凶猛。在那些力量方面有绝对优势的动物面前，野蛮人处境就和其他弱小的动物一样。即便如此，他们仍然能够生存。况且，野蛮人还有一个优势，那就是能很快地爬上树，找到一个相对安全的避难所，在面对野兽时，他们可以进退自如。此外，除非是为了自卫或在极度饥饿的情况下，似乎没有任何动物会主动攻击人类，它们也不会对人类产生天然的反感，好像在宣示一种动物已注定成为另一种动物的食物一样。

毫无疑问，这就是为什么黑人和野蛮人很少害怕在森林里遇到野兽的原因。在这方面，委内瑞拉的加勒比人生活得绝对安全，没有丝毫不便。旅行家弗朗索瓦·科雷亚尔曾经说，尽管他们赤身裸体，且非常大胆地出没在森林中，携带的武器只有弓和箭，但从来没有人听说过他们中有人被野兽吃掉。

但是，人类还有其他更可怕的敌人，而且没有任何防卫的手段，那就是：幼弱、衰老和各种疾病。它们是人类弱小的代表特征，其中前两种是所有动物共有的，而后一种则是社会中的人类特有的。讲到幼弱问题，我们可以看到，人类母亲无论走到哪里都可以带上她的孩子，比起那些东奔西跑往来觅食的动物母亲更容易哺育孩子。诚然，如果母亲不幸死了，婴孩很有可能一同死去，这种危险在其他动物身上也很常见，因为刚出生的幼崽需要经过很长时间才能独自觅食。虽然我们的幼年期比它们长，但我们的寿命会更长，因此，在这一点上，人和动物差不多是相同的。[注释七]尽管幼年发育期的长短和幼崽数量的多少还遵循着其他规律[注释八]，但这并不是我研究的问题。

到了晚年，人类的活动减少，觅食能力衰退，对食物的需求量也随之减少。在自然状态下，野蛮人的生活使他们的身体强壮，不会得风湿病和关节炎，而在所有痛苦中，衰老是人类无法避免的一种痛苦。因此，老年人在悄无声息中死去，没有人会注意到，就连他们自己也不会意识到。

关于疾病，我不想重复那些身体健壮的人发表的有关反对医学的错误而肤浅的言论。但我想问一问，是否有确凿的证据可以证明平均寿命的长短与医疗水平的高低有直接关系？如果我们所得的疾病超出了可医治的范围，情况又会如何呢？人们的生活方式极度不平等，有些人过于安逸，而另一些人则过度劳累；我们的食欲和性欲都太容易被激发和满足；富人们过于精致的食物，在提供热量的同时却加重了肠胃的负担，而另一方面，穷人的食物不但不健康，甚至还吃不饱，这使他们一有机会就不免贪吃，从而伤害脾胃，再加上熬夜、不节制、各种情欲的放纵、身体疲劳、精神疲惫等无数痛苦和焦虑，使人的心灵得不到片刻的安宁。这些痛苦都是由我们一手造成的，而我们想要摆脱这些不幸，只能转而坚持自然赋予我们的那种简朴、单纯、清净的生活方式。如果大自然的本意是让我们健康生活，那么我敢断言，思考是一种反自然的状态，沉思的人是一种堕落的动物。当我们想到野蛮人的强健体质（至少身体没有被我们的烈酒毁掉），当我们发现他们除了受伤和衰老之外几乎没有任何疾病时，我们就不得不相信：人类文明的发展史，就是人类的疾病史。至少柏拉图是这样认为的，他从特洛伊围城时波达利里俄斯和玛卡翁[1]使用过的或推荐过的某些药物推断出，这些药物导致的疾病，还没有被当时的人们认识。塞尔苏斯[2]也说过，现在人们认为非常必要的节食疗法，最早是由希波克拉底[3]发明的。

---

[1] 在古希腊神话中，医神阿斯克勒庇俄有两个儿子，玛卡翁和波达利里俄斯，均精通医术。两人后来都参加了特洛伊战争。玛卡翁还是藏在木马中的英雄之一，后来战死在沙场。涅斯托耳将他的尸体送回希腊后，希腊人为纪念他，建造了一座医神庙。

[2] 塞尔苏斯又译为凯尔苏斯，是古罗马时期的一位著名医学家和作家，著有一部涵盖多种主题的百科全书，前5卷与农业相关，但现仅存关于医学的8卷，被称为《医术》。他对外科手术、创伤处理和药物治疗等领域有深入的研究，并提供了广泛的医疗知识和实践指南。

[3] 希波克拉底为古希腊伯里克利时代的医师，被西方尊为"医学之父"，西方医学奠基人。希波克拉底最为人知的贡献之一是他的"体液学说"，其医学观点对西方医学发展有巨大影响。

既然疾病的来源那么少，处于自然状态的人们几乎不需要药物，更不需要医生。他们在这方面与动物差不多。从猎人那里我们不难了解，他们在捕猎过程中并没有遇到许多患病的动物，而最常见的就是那些受了伤的动物，有的曾受过严重的创伤但伤口已结疤，有的曾折断了骨头甚至四肢，但它们无须任何外科手术，时间自会痊愈伤口，除平常生活外，也不需要任何疗养护理。它们不用忍受手术的痛苦，也没有药物的毒害，更不受禁食的折磨。总之，无论精良的医术对人类来说多么有用，但可以肯定的是，野蛮人在生病时只能靠自己，除了大自然，他没有什么可指望的；可是另一方面，除了自身疾病之外，他们也没有什么可担心的，这一点上，野蛮人似乎比我们的生存境遇好得多。因此，我们应该小心，不要把野蛮人和我们每天看到的人混为一谈。大自然以一种偏爱之心对待所有那些在它庇护下的动物，无论是马、猫、牛，甚至驴，当它们生活在丛林时，通常比在牲口棚里饲养时的体型更加高大，体格更加强壮、精力更加充沛，也更有胆量。但一旦被人驯养，它们就失去了大半的优点，可以说，我们对它们的照顾和喂养似乎只会使它们退化。人也是这样，当他具有了社会性成为奴隶时，就会变得软弱、胆小、卑躬屈膝，懦弱的生活方式完全消磨了他的力量和勇气。此外，野蛮人和文明人之间的差别，比野兽和家畜之间的差别还要大。因为自然对人和野兽虽然一视同仁，但人却沉溺于比他们驯养的动物更安逸的生活中，这是导致他们更加堕落的又一个原因。

因此，对于这些野蛮人来说，赤身裸体，没有住所，也没有那些我们认为必需的一切无用之物，并不是什么多大的不幸，也不会对他们的生存构成威胁。他们身上之所以没有毛发覆盖，那是因为在温暖的地方不需要这种保护；如果生在寒冷的地方，他们很快就会学会如何利用捕获的野兽的皮毛来保暖。他们虽然只用两条腿而非四肢奔跑，是因为他们还需要用双手保护自己以及满足各种需求。他们的孩子或许很晚才能学会走路，但他们的母亲却能轻松地抱起孩子，这是其他动物不具备的优势，因为在遭受追击的时候，动物母亲就不得不抛弃幼崽，或者放慢脚步和它们一起跑。总之，除非遇到我在后文提及的奇特而偶然的情况（这种情况几乎不可能发生），否则我就有理由认为：第一个为自己做衣服或建造住所的人，实际不过是为自己制造了一些根本不需要的东西。因为他在此之前一直没有这些东西，没有理由在成年之后反而不能忍受他自小就能忍受的生活。

自然状态下，孤独、闲散的野蛮人可能随时会面临危险，因此，他们非常喜欢睡觉，但睡眠应该很浅，而且很容易被惊醒。和其他动物一样，他们很少思考，所以看起来总在睡觉。自我保存几乎是野蛮人唯一关心的问题，他们必须经常锻炼攻击和防御的能力，一方面是为了捕获猎物，另一方面是为了避免被其他动物吞食。他们那些享受安逸和情欲的器官还停留在非常粗糙的状态，正因为如此，野蛮人的器官大致分为两类：极其迟钝的触觉和味觉，以及最敏锐不过的视觉、听觉和嗅觉。这是动物的一般状态，根据旅行家的描述，这也是大部分野蛮人的状态。所以当我们听说好望角的霍屯督人仅仅用肉眼就能发现海上的船只，而荷兰人则需要借助望远镜才能看到时；当我们得知美洲的野蛮人通过嗅觉追踪西班牙人，其能力不亚于最好的猎狗时；当我们看见这些野蛮人赤身裸体也不会感到痛苦，大量食用辣椒来刺激胃口，把欧洲人的烈酒当水喝时，我们大可不必感到惊讶。

在这之前，我只从生理方面对野蛮人进行了研究。接下来，我们切换视角，试着从形而上学和道德[①]的角度出发对人类进行探讨。

在我眼里，任何动物都不过是一台精巧的机器，大自然赋予它各种感官，让它自己运转起来，并在一定程度上保护自己，对一切试图毁灭它或者干扰它的东西实行自卫。我发现，人类和动物差不多一样，唯一的区别是，在动物的活动中，自

[①] 在卢梭这里，"形而上学"一般指人的理性、理解与自由；"道德"主要包括与其他人关系的需求、热情、感觉、态度、信念以及行为。

然是唯一的主宰，而人类可以作为自由的主体参与其本身的动作，即动物依靠本能进行选择，而人类则依靠自由意志。因此，动物不会违背自然给它们规定的法则，即使这样做对它有利；相反，人类经常偏离这些规则，即使这样做对他们不利。这就是为什么一只鸽子即使待在盛满肉食的盘子旁也可能饿死，一只猫即使在水果或谷物堆上也可能丧命的原因。其实这两种动物，如果想尝试一下的话，未必不能以它们不喜欢的食物为生。正因如此，生活放荡的人才会恣意放纵，招致疾病而死亡。精神一旦控制了感官，即使他们的合理需求得到了满足，欲望还是会不断地膨胀。

动物也有观念，因为它们都有感觉。在某些方面，它们还能将各种观念综合起来。在这一点上，人与动物只是程度之差，而并无本质的区别。有些哲学家甚至认为，人与人之间的差别比人与动物之间的差别还要大。因此，造成人与动物之间差别的，与其说是人的理解力，不如说是人的自由意志。自然支配着一切动物，而兽类总是服从。人受到同样的驱使，但认为自己有选择顺从或反抗的自由。正因为人意识到这种自由，才显示出其主观的意愿。物理学可以在一定程度上解释感官的机制和思想的形成，但在人的意志力或选择力方面，以及对这一力量的感知中，除了发现一些纯精神性的活动之外（这些活动很难用力学规律来解释），什么也找不到。

尽管围绕这些问题还存在诸多困难，因此在人类和动物之间的这种差别上可能还留有某些争论的余地，但是，还存在另一种将人类与动物区分开来的十分特殊的品质，这一点无可辩驳：那就是自我完善的能力。这种能力是每个人与生俱来的，也是所有人共有的，并借助环境的影响，逐渐发展了我们所有其他的能力。而动物却与之不同，它们从开始到成熟直至死去，本身拥有的能力不会发生任何改变，整个物种在千年之后还和原来一样。为什么只有人类才会衰老呢？他是否就因此又回到了原始状态？动物之所以永远保持着它的本能，是因为它既无所得，也就毫无所失。而人却因衰老或其他偶然事故丧失了那些通过"自我完善"获得的能力，他的处境难道不比动物更差吗？我们不得不承认，这种天生的无限发展的能力是人类一切不幸的根源；正是这种能力，随着时间的推移，使人类脱离了他最初的状态，在这种状态下，他们本可以过上安宁、淳朴的生活；正是这种能力，使人在不同的时代相继显示出他的智慧和谬误、邪恶和美德，最终统治人类和大自然的暴君成了他们自己，这对我们来说，是多么可悲啊！[注释九]生活在奥里诺科河沿岸的居民，用木片贴在他们小孩的太阳穴上，认为这样至少可以保持孩子部分的天真无知和最初的幸福。如果我们赞美第一个提出这个办法的人，那将是一件可怕的事情。

野蛮人的天性使他只能听从本能的指挥，或许是为了弥补他在本能方面可能存在的缺陷，自然又赋予了他其他的能力。这些能力起初可以弥补野蛮人在本能上的不足，后来却使他超越了本能。因此，野蛮人最初拥有的还只是一些动物的行为[注释十]，视觉和感觉是他最基本的能力，这与其他动物毫无差别。愿意和不愿意，希望和恐惧，可能是他最初的、几乎也是唯一的精神活动，直到新环境使他的能力有了新的发展。

无论伦理学家们持有何种观点，他们必须承认人的认知发展在很大程度上依赖于情感，而情感在很大程度上也来源于认知。正是由于情感的推动，我们的理性才趋于完善。我们之所以有求知的欲望，无非是因为我们想要享受。我们无法想象，一个既没有恐惧又无欲望的人肯费力去思考。同样，情感本身来源于我们的需要，而情感的发展则取决于我们认知的提高。因为我们只能根据对事物的观念或者根据单纯的自然冲动渴望或畏惧它们。现在的野蛮人，由于缺乏各种智慧，只有自然冲动的欲望，他追求的绝不会超出他的生理需求。[注释十一]在这世上，他只知道食物、女人和睡眠是好的，畏惧的也只有痛苦和饥饿。我说的痛苦并不包括死亡，因为没有动物知道死亡是什么，对死亡的认知和恐惧，是人类脱离自然状态后最先获得的知识之一。

如果有必要，我将很容易地用事实来支撑这个观点，也不难证明在世界所有的民族中，精神越丰富，人们对自然或环境的需求就越多，为满足这些需求而产生的欲望也就越大。我可以举例说，艺术在埃及兴起，并随着尼罗河的泛滥而发展。在希腊，艺术在阿提卡的沙滩和岩石间生根、发芽并长成参天大树，却无法在肥沃的欧罗塔斯河畔上生长。我还可以举例，一般来说，北方人比南方人更勤劳，因为如果不这样他们就无法生存。这就好像自然要使事物趋于平等，让那些有更多智慧的人无法享受肥沃的土地。

实际上，即便没有这些不靠谱的历史证据也可看出，这一切似乎都在阻止野蛮人改变自身的境遇。他的想象力描绘不出任何画面，他的心灵也不会提出任何要求。他为数不多的需求被轻易地满足了，又没有必要的知识让他产生更多的需求，以至于他既没有远见，也没有好奇心。他越熟悉自然，越是习以为常。万物的秩序，时节的流转总是始终如一。他没有足够的智慧去惊叹自然的伟大，我们也不指望从他身上找到人类需要的那种哲学方法，因为他从不会观察周围的事物，没有任何事物可以触动到他，他唯一关心的就是当下的生存，未来无论多么近在咫尺，他都没有任何想法；而他的计划，也像他的眼光那样局促，几乎连一天以内的事情都预见不到。即使是现在，加勒比的土著人，见识的范围就仅限于此，他们会早上卖掉棉被，晚上又哭着买回来，因为他们根本没有预料到晚上还需要用棉被。

我们对这个问题思考得越多，就越能看到纯粹的感觉和最简单的知识之间的差距。确实无法想象，如果不借助交流或需求的刺激，人类是如何凭借自己的力量完成如此大的跨越。要经历多少个世纪，人类才会看到雷电以外的火！有多少次偶然的机会，才让人们学会火的基本用法！在经历多少次火焰熄灭之后，人们才学会生火的技术？这种技术又有多少次随着发明者的死亡而消失？对于农业，我们该如何看待呢？这是一门需要辛苦劳动与卓越远见的技术，还需要其他相关技术的配合，因此它只能在人类步入社会状态之后才会出现。从事农业，可以从土地中收获丰富的粮食，也能让土地朝我们期望的方向发展。让我们做个猜想：假如自然生产的食物已不能满足人类日益增长的需求（顺便说一句，这种假设已经能够说明这种生活方式非常适合人类）；假如劳动工具在没有锻造厂或制造厂的情况下从天而降，落入野蛮人的手中；假如他们已经克服了对持续劳动的天然厌恶；假如他们能长远地预见自身的需求；假如他们已经知道了如何开垦土地、播种谷物和植树造林；假如他们已经发明了磨麦和酿酒的技术；假如上帝教会了他们所有的一切，因为他们自己是不可能学会这些技术的。即便这一切都发生了，如果他们每次辛勤劳动种出来的食物却被第一个来到这里，并且看上这些粮食的人或动物抢走，试问他们中又有谁会愚蠢到还费力耕种土地呢？尤其是当他们越需要得到粮食却越得不到的时候，谁还情愿在劳累的劳动中度过自己的一生呢？换句话说，在土地没有被分配，自然状态还没有被消灭以前，人们怎么愿意耕种土地呢？

假定野蛮人在思维方式上已达到如哲学家们所说的那种巧妙程度，能够研究最崇高的真理，能够通过高度抽象的逻辑推理，从对普遍秩序的热爱中，或从造物主显示的意旨中，创造出理性和正义的格言。总之，我们假定野蛮人原本就聪明而有悟性（实际上，他们却愚钝而愚蠢），那么人类能够从这种既不能彼此传授又可能随着发明者的死亡而消失的智慧中得到什么益处呢？如果人类和其他动物一起生活在茂密的丛林中，又能取得什么进步呢？那些居无定所、对同类没有任何需求的人类，可能在他们的一生中极少与同类打交道，那么他们又能在多大程度上自我完善或相互启发呢？

试想一下，有多少观念的产生归功于语言的使用，而语法又在多大程度上锻炼了理解力；试想一下，最初发明语言经历了多少难以想象的困难以及花费多少难以想象的时间。请根据这些思考和前述的种种假设，然后判断要经历多少漫长的岁月，人类才能逐渐发展出其能进行的这些思维活动呢？

下面，我想谈一谈语言起源过程中面临的困难。对于这个问题，我只需简单地引用孔狄亚克神父[①]的观点，因为这些研究完全表达了我的想法，或者说正是他的研究启发了我对这个问题的思考。但是，这位哲学家在研究符号系统时采用的方法，是我难以认同的，很明显他把我质疑的问题当成了假设的前提，即在语言发明之前是否建立了某种形式的社会？我虽然参考了他对这个问题的看法，但我认为还应该加入自己的思考。我们遇到的第一个困难就是：语言产生的必要性。因为在自然状态下，人与人之间既没有任何交流，也没有交流的必要，语言并不是不可或缺的，所以从这一点来看，我们很难想象语言是由人类发明的。我同意某些人的观点，认为语言产生于父母与子女之间的家庭交流。但是，这种说法并不能解决问题，而且还可能与那些谈论自然状态的人们犯同样的错误，即将社会状态下的观念带入研究自然状态下的情景中。他们总以为那时的家庭和现在的家庭一样，由于共同利益的结合而聚集在同一个住所，彼此间保持着亲密而长久的关系。其实在原始状态下，人们没有固定的居所，更别说财产，每个人都是随便

---

① 1746年孔狄亚克发表了自己的研究成果《人类知识起源论》，该书第二卷第一篇探讨了语言的起源问题。他认为，在语言得以发生的开端，人尚未完全摆脱自然的束缚，但这一束缚却直接促成了在自然环境中成长起来的人的某种相互传达情感的需要，正是出于交流的渴望，人们才开始使用语言。这个观点引起卢梭对于语言起源问题的思考。

找一个地方休息，而且往往只待一夜。男女之间的交配也是偶然的，或因巧遇，或因机缘，或双方愿意，他们不需要进行语言交流，分开的时候也和之前一样陌生。[注释十二]母亲给孩子喂奶，起初是为了生理的需求，后来，她在习惯之后觉得孩子可爱，才为了孩子的需要而喂养他们。但是，当孩子们足够强壮，可以自己去寻找食物时，他们就主动离开了母亲，而且，除非他们经常见面，才不会忘记彼此，否则他们很快就完全无法认出对方了。此外，我们还应该注意到，孩子有表达的需求，他们想对母亲讲的话远远多于母亲想对他们讲的话。就语言产生的动力来看，孩子发挥了更大的作用，而且他们使用的语言，也大都是由自己创造的。因此，语言的种类也会随着人数的增加而增加。而那时的人没有固定的居所，这就使得没有任何一种语言能保存下来。母亲教导孩子学语，这仅仅解释了人们怎样传授那些已经产生的语言，但不能说明语言是如何形成的。

然而无论如何，假设第一个难题已经解决了，我们暂且不理会语言从自然状态到成为必需品那段漫长的时间，在承认语言是必要的这一前提之下[注释十三]，让我们探究语言最初是如何产生的。这比前一个问题更难解决，因为，如果说人类需要语言才学会思考，那么发明语言就更需要思考。即使我们知道声音是我们交流思想的约定工具，但我们仍需要探究，对于那些既不能用手势也不能用声音来表达的思想，什么才是它的约定工具？作为一门高深的艺术，语言在很久之前就有了，但哲学家们仍然认为它与完美有着遥不可及的距离，以至于没有人敢轻率地断言它终于达到完善的境地，即使历史上的变革没有对语言的发展产生不良影响；即使我们的学者能摒弃任何偏见，甚至做到客观公正；即使那些学术团体能连续几个世纪不间断地研究这个棘手的问题。

在人们还没有必要使用语言来劝服大众之前，自然的喊叫是人类最初的语言，也是最普遍、最生动和唯一需要的语言。但是，这种呼喊只是在紧急情况下出于一种本能，在遇到危险时恳求援助，或在遭受苦难时渴望解脱，因此它在日常生活中并不常用，人们平时的感情交流也较为节制。当人类的观念开始发展并逐渐增多，人与人之间的交流也更加密切时，他们便想制定更多的符号和更丰富的语言。他们增加声音的变化，并加上了手势，因为手势本身具有更强的表现力，也不需要预先规定含义。因此，人们用手势来表达那些看得见的和可移动的事物，用声音来模仿那些听得见的事物。但是，除了实际存在或容易描述的物体和看得见的动作之外，几乎不能表示其他事物；手势也不是在任何时候都有用，光线不足或有东西阻隔就会使手势失去作用；此外，手势只能引起别人注意，而不能确保别人一定会注意到，因而人们最终想到用音调的变化来代替手势。将不同的声音与不同的概念相关联，它们就像特定的符号，可以表达各种观念。但是，这一替代需要经过全体一致的同意才能实现，而且对于那些还没有经过什么练习的人们来说，这是很难实行的，因为要获得人们的共识就必须说明理由，在使用语言之前，必须先制定语言。

我们有理由认为，人类最初使用的词汇，比语言正式形成后使用的词汇具有更广泛的意义。最初，人们并不知道要将句子分成结构不同的几个部分，所以他们给每一个词语都赋予了整个句子的含义。后来经过艰辛的努力，他们才开始区分主语和宾语，名词和动词。名词起初只是一些专有名词，动词只有现在时态。形容词的概念的发展必然尤为困难，因为每个形容词都是一个抽象的概念，而抽象化是一个艰巨的过程。

最初，每个物体都有一个特定的名称，但没有性质和种类的区分，因为最早的创立者也无法区分这两者。那时，人们都孤立、静止地看待每个个体，如果一棵橡树被命名为A，那么另一棵橡树就叫作B，因为他们认为这是两个不同的事物，而观察到它们的共同点往往需要很长的时间。由此可见，人们的知识越有限，他们创造的词汇就越庞杂。这种分类命名的困难是不易消除的，因为要给事物分类命名，就必须了解它们的属性和差异，需要经过大量的观察和分析才能综合得出一个概念，也就是说，需要比那个时代的人拥有更深厚的自然知识和抽象的概括能力。

此外，如果不借助词语，人就不能形成概念，而理解词语又必须通过句子。这就是为什么动物既无法形成类似的概念，也无法利用这些概念进行自我完善的原因之一。当一只猴子为了另一个坚果而丢掉手中的坚果时，我们是否可以认为它对坚果有了一个概念，并利用这个概念对两个坚果进行比较？当然不能！不过，它看到其中一个坚果，就会回忆起另一个坚果带给它的感觉，而它的眼睛在经过某种程度的调试之后，就会向味觉传达即将接收到的信号。每个概念都是纯抽象的，只要稍加想象，概念就会立刻变成具体的事物。如果你试着在脑海中勾勒一棵树的大致形象，你永远描绘不出来。尽管你尽了一切努力，还是只能想到一棵具体的树：矮小的或高大的、枝叶稀疏的或枝繁叶茂的、浅色的或深色的。如果你想找到所有树的共性，那你看到的反而不像一棵树了。纯粹抽象的事物也是以同样的方式被感知的，或者说只有借助语言才能被想象出来。仅凭三角形的定义，你就能对它有一个真实的概念，但当你在脑海中想象一个三角形时，它就是特定的三角形，而不是其他三角形，你会不由自主地赋予它具体的线条和特定的颜色。而要进行描述，你就必须借用语言这一工具说出完整的句子。因此，要想形成一般概念，我们必须借助语言，因为想象结束后，我们只能借用语言将其表达出来。如果最初发明语言的人只能给他们已经认识的事物命名的话，那么最初的名词就只能是专有名词。

但是，当最早的语法家，以超出我想象的方式，开始扩充这些词汇的概念并推广这些词汇的用法时，无知的发明者一定会把这种方法限制在非常狭窄的范围内。而且，他们起初对属性和种类一无所知，在创造出太多的个体名词之后，又不能认识所有事物之间的差别，而只能做简单的分类。其实，要想把这些区分做到恰如其分，需要有更多的知识和经验，并付出更多的努力和探究。时至今日，我们仍在不断发现一些过去尚未发现的新物种，让我们反思一下，如果人们仅仅从最粗浅的外表来判断事物，那么又有多少物种被忽略了呢！更不用说有多少最原始的类别和最一般的概念同样被他们忽略了。他们是怎样理解或设想"物质""精神""实体""风格""形象""动作"这些词呢？就连经常使用这些词语的哲学家，也很难理解它们的含义，况且这些概念本身的含义就是极度抽象的，在现实中也找不到任何原型。

这一部分先讨论到这里，我打断一下。请你们思考：语言中最容易被发现的那部分名词是怎样被创造的？人们还需要走多长的路，才能找到一种能表达人类所有的思想、拥有一个固定形式、满足公众的需求、并对社会产生影响的语言？想要发明数字[注释十四]、抽象名词、过去式和动词的各种时态、冠词、句法、词句的连接方式、推理形式以及所有的语言逻辑，必须花费多少时间？需要多少知识？我个人已经被越来越多的困难震慑，我深信，单凭人类的智慧是无法建立起语言体系的。我把这个难题留给任何一个有志于此的人去研究：究竟是社会的存在对语言的产生更有必要，还是语言的产生对社会的建立更有必要呢？

无论语言和社会是怎样产生的，至少可以确定的是，自然并没有因为人类相互需要而拉近彼此的距离，也没有让他们更轻易地学会使用语言。从这一点来看，自然几乎没有为人们提供多少社会性。事实上，我们很难想象，在自然状态下，一个人对另一个人的需求会比一只猴子或一匹狼对它们同类的需求更加迫切。或者说，这个人确实需要别人的帮助，那另一个人为什么要满足这个人的需求？即使那个人愿意帮助，他们彼此之间又如何协商和达成一致呢？我常常听人说起，没有比原始状态中的人更悲惨的了。事实上，如果我之前的论断是正确的，只在若干世纪以后，人类才有摆脱这种状态的愿望或机会，那我们应当以此来控诉自然，而不是怪罪自然造就的人类。而且，根据我的理解，"悲惨"要么是一个毫无意义的词，要么只表示一种失去的痛苦，或者指身体或心灵的痛苦。我希望有人能解释一下：一个内心平和、身体健康的自由人，究竟会遭受怎样的痛苦？另外，是社会生活还是自然生活更能让身处其中的人感到痛苦？在我们周围，很少有人不抱怨自己的生活，甚至很多人情愿抛弃自己的生命，即使同时借助神的法律和人的法律也难以制止这种混乱。我想问，是否有人听说，野蛮人抱怨生活或者自杀的吗？所以，稍稍放下我们的虚荣心，判断一下到底哪种状态才是真正的悲惨。从另一个角度来看，如果野蛮人被智慧迷惑，被情感折磨，被不合适的生活状态弄得痛不欲生，那才是再悲惨不过的。这是上帝对野蛮人的恩赐，野蛮人拥有的潜能只在合适的时机才得以发展，不至于因为发展得过早而成为多余的负担，也不至于因发展得太迟而于必要时无济于事。仅凭本能，野蛮人就足以应付自然状态的生活；但只有在培养出理性之后，他们才有足够的能力在社会中生活。

乍一看，在自然状态下，人与人之间没有任何道德关系，也没有规定的义务，既无好坏之分，也无善恶之别。除非我们从生理意义上理解这些词，将那些有利于个体自我保存的品质称为善，有害于自我保存的品质称为恶。这样，那些对自然的原始冲动最不加以抵抗的便是最有道德的人。但是，如果我们只从常规意义上理解这些词，就不急于对这个问题下判断。为了防止可能的偏见，我们应该不偏不倚地衡量一下：在文明人当中，美德是否多于罪恶？美德给他们带来的好处是否比罪恶带来的坏处要多？当人们逐渐学会彼此爱护的时候，知识的增长是否足以弥补人类互相造成的伤害？或者总的来说，人是生活在既不畏惧任何人,又不指望别人对自己善良的处境下幸福,还是处于依附的地位,被迫从没有义务给予他们任何东西的人那里接受安排的处境下幸福呢?

我们尤其不可像霍布斯那样,得出"人性本恶"的结论[①]。他认为,人没有任何善的观念,而人之所以恶,是因为他不知美德为何物;人总是拒绝给予同伴任何帮助,因为他不认为对同伴负有这种义务。我们也不可像霍布斯那样下结论说:人类将所需之物归为己有,变成自己的权利,再以这一权利为依据,疯狂地把自己想象成整个宇宙的唯一主人。霍布斯虽然清楚地看到了关于自然法的现代定义的缺陷,但他从自己的定义中推导出的结论足以说明,他对这一定义的理解同样是错误的。根据他提出的原则进行推理,他本该说:在自然状态下,对于我们自身存续的关注是最不损害他人的存续,因此这个状态最有利于和平,对人类也是最适宜的。然而,他却得出了与之相反的结论,因为他把满足无穷欲望的需要,不恰当地掺杂到人类对自身存续的关注中,其实这些欲望正是社会的产物,正因为有这些欲望才使法律变得不可或缺。霍布斯认为,

---

① 与霍布斯不同,人性本善是卢梭道德哲学中的一个重要的内容,个体"性善论"也是卢梭政治哲学和教育伦理学的出发点和归宿。卢梭认为,尽管在现代社会中,人充满了种种道德上的罪恶,但这一切并不能归罪于人的天性,而应归之于文明和私有制本身。

恶人就是一个身体健壮的孩子[1]。自然状态下的人是否就是这样一个健壮的婴儿,还有待证明,而且,如果我们承认野蛮人是一个强壮的婴儿,又会得出什么结论呢?如果这个人在强壮有力的时候,也像他在虚弱的时候那样,需要依赖别人,那还有什么骄纵的事情他做不出来?他会因母亲未能及时哺乳而殴打她,会因讨厌兄弟而虐待他,会因别人稍稍冒犯而将别人的腿咬断。但是,一个野蛮人既强壮又需要依赖他人,这根本就是两个自相矛盾的假设:一个人如果需要依赖别人,那他一定不够强壮;如果他是强健的,那就不需要依赖别人。霍布斯没有考虑到,法学家阻止野蛮人使用理性的原因,恰恰也是霍布斯阻止野蛮人滥用他们自己能力的原因。因此,我们可以说:野蛮人并非恶人,因为他们不知道什么是善;而阻止他们作恶的,既不是理性的发展,也不是法律的约束,而是内心的平静和对恶的无知。"这些人因对邪恶的无知而得到的好处比那些因对美德的认识而得到的好处还要大些[2]。"霍布斯还忽略了另一个重要的原则:当人看到同类受难时,他的内心就会产生天

---

[1] 卢梭在《爱弥儿》中写道:"当霍布斯称坏人为'强壮的孩子'时,他就把事情简直说反了。所有一切的坏事都是来源于柔弱,孩子之所以淘气,只因为他是很柔弱的;假使他的身体健康有力,他就会变得挺好的,事事都能干的人,绝不会做恶事。"

[2] 原文为拉丁文,引自尤斯坦的《通史简编》(第二卷),卢梭是从格劳秀斯《战争与和平法》里的引文转引过来的。

然的反感，因此在追求幸福时往往会考虑到是否使他人受到了损害。这一来自人类天性的原理，在某种程度上缓和了他的强烈的自尊心[注释十五]，或者在这种自尊心未产生以前，能够减轻其维护自身存续的欲望。我认为，这是人类拥有的唯一的自然美德，即使是那些对人类美德嗤之以鼻的人也不得不承认这种美德的存在。我这里所说的自然道德就是：怜悯心。对于弱小且最容易受苦的人来说，这确实是一种最合适不过的品质，而且也是人类最普遍、最有益的一种美德，因为它先于思考而存在，又是那样自然，就连动物有时候也会有怜悯心。且不说母兽对幼崽的柔情和它们为保护幼崽而不顾自己的安危，我们每天都可以看到，马儿不忍践踏一个活物；动物不忍从同类的尸体旁走过，有些动物甚至会给死去的同伴举行某种仪式的葬礼；即将走进屠宰场的牲畜发出的凄惨的哀鸣仿佛诉说着它正在经历的恐怖遭遇。我们欣喜地发现，《蜜蜂的寓言》的作者①也不得不承认，人是一种富有同情心和感性的存在，他在所举的例子中，一改往日冷峻敏锐的文风，向我们展示了一

---

① 《蜜蜂的寓言》的作者是曼德维尔，一位在英国行医的荷兰医生，因其一部著作《蜜蜂的寓言：私人的恶德，公众的利益》而闻名。在这部作品中，曼德维尔想要说明，人生来就是一种自私、难以驾驭的动物，而正是人的这个恶德促进了社会的进步与繁荣。卢梭认为他是"对人品性最激烈的诋毁者"。

个动人的场景：一个被幽禁的人，目睹了一只猛兽夺走了一个母亲怀里的孩子，用它凶残的牙齿咬碎了那个脆弱的肢体，用它的利爪撕裂孩子仍在跳动的内脏。目睹这一幕的人虽然没有亲身经历，但他仍觉得心惊肉跳！他无法为昏厥的母亲和奄奄一息的婴儿提供任何帮助，他该是怎样的焦急啊！

这就是先于一切思考而存在的纯真自然的感情！这就是尚未被败坏的自然的怜悯心的力量！在我们的剧院里，我们每天都能看到那些因同情剧中不幸者的悲惨遭遇而伤心落泪的人们。但是一旦这些人成为暴君，他们又会变本加厉地折磨自己的敌人。正如那嗜血成性的苏拉[1]，也为他人的痛苦而伤感，只要那不是由他造成的；又如费莱阿的暴君亚历山大[2]，他不敢去看任何悲剧的演出，只因为害怕被人看到他与安德洛玛刻[3]、普里阿摩斯[4]一同哭泣，但当他听到每天因执行他的命令而被绞

---

[1] 苏拉，古罗马统帅，政治家，攻占罗马后实行独裁统治，残杀政敌，同时恢复元老院的特权地位，限制公民大会及保民官等行政长官的权力。

[2] 蒙田在《随笔集》中提到亚历山大本人冷酷无情，每天杀人不计其数，却容不得剧院里演悲剧，因为生怕他的臣民们看见他为赫卡柏和安德洛玛刻的不幸遭遇悲叹伤心。

[3] 安德洛玛刻是《伊利亚特》及其他古希腊悲剧中的形象，赫克托耳之妻，底比斯国王厄提昂之女。

[4] 普里阿摩斯是古希腊神话中特洛伊战争时的特洛伊国王，赫克托耳和帕里斯的父亲。

死的人临终哀号时,却表现得无动于衷。

>"自然既把眼泪赋予人类,
>
>那就表示,
>
>它曾赐予人类一颗最仁慈的心。"①

曼德维尔清楚地知道,尽管人类具有一切道德,如果没有大自然赋予人类怜悯心以支撑他们的理性,那人也不过是一群怪物。但是,曼德维尔没有看到,人类具有的但他被否认的一切社会美德,正是从怜悯心中产生出来的。其实,如果没有给予弱者、罪人或整个人类以怜悯的话,又怎会有慷慨、仁慈和人道这些美德呢?严格来说,就连善良和友谊也是怜悯的产物,只不过它是对某个特定对象产生的持久的怜悯之心,希望一个人不受任何痛苦,不就是希望他幸福吗?所谓怜悯,也不过是让我们站在受难者的处境上,与他产生共鸣。这种情感在野蛮人那里是隐秘而又强烈的,而在文明人那里虽然发达,却是微弱的。

事实上,动物对它同伴遭受苦难的感受越深,怜悯心就越

---

① 这首诗的作者是尤维纳利斯,古罗马著名的讽刺诗人,传于后世的讽刺诗有十六首,主要揭露罗马帝国的暴政,抨击贵族和富人的道德败坏,同情贫民的困苦生活,但带有宿命论色彩。

强烈。显而易见，这种共鸣在自然状态下远比在理性状态中更深切。正是理性催生了"自尊心"，也是理性使人关注自我，远离一切能干扰或困扰他的事物。而摆脱这一切的方式就是哲学，它让一个人在看到受苦的人时会暗自说："没人阻止你去死，反正我是安全的。"而真正能搅扰哲学家清梦的就只有人类社会的安危了。人们可以肆无忌惮地杀害自己的同类。他们只需捂住耳朵，稍微为自己辩解几句，就可以阻止滋生那种天然地对被害者的同情。野蛮人没有这种"令人钦佩"的才能，由于缺乏理智和智慧，他们会愚蠢地顺从自己的天性。当发生暴乱和街头斗殴时，平民会蜂拥而至，而智者却谨慎地离开，制止混乱、疏散人群的总是那些所谓的流氓和市井妇女。

因此，可以肯定地说，怜悯心是一种自然情感，它能够克制个人强烈的私心，进而促进整个人类的生存繁衍。正是这种怜悯心让我们不假思索地去帮助那些处于困境中的人；正是这种怜悯心在自然状态下代替了法律、道德和风俗，而且没有一个人会抗拒它那温柔的声音；正是这种怜悯心，使一个强壮的野蛮人不会去抢夺一个弱小的孩子或一个虚弱的老人好不容易才得到的食物，而选择到别处觅食。理性和正义遵循的崇高法则是"像你希望别人如何待你那样对待别人"，而怜悯心则以这句合乎天性的至善之言引导人们："在尽可能不损害他人利益的前提下追求自己的幸福。"后者可能不如前者完备，但却更加实用。总之，我们必须从这种自然的情感中，而不是从任何微妙的论证中，寻找任何一个人在作恶时感到内疚的原因，即使他对任何教育的格言一无所知。虽然苏格拉底和其他类似的哲学家可能会通过理性来获得美德，但如果认为人类的生存问题仅仅依赖于人们的推理就能解决的话，那么人类早就灭亡了。

野蛮人没有强烈的欲望，同时又受到怜悯心的约束，所以与其说他们是邪恶的，不如说是粗野的；与其说他们有意加害于人，不如说他们更关心的是如何在危险来临时保护自己。他们彼此之间没有任何交往，不知道什么是虚荣、尊敬、重视和轻蔑；他们对"你的"和"我的"没有丝毫的概念，也不知道正义为何物；他们将自己遭受的暴行当作很容易恢复的伤害，而不是应该受到惩罚的罪行；他们从来没有想过要报复，除非是不由自主的、即时的反应，就像狗有时会咬人们砸来的石头一样。因此，如果他们之间的争吵不涉及食物这一敏感话题，很少会引起流血的后果。但是，有一种话题比较特殊，还需加以说明。

在人类各种强烈的情感中，有一种极度炽热的情欲，使男女两性相互吸引。这种可怕的情欲，能使人不畏危险，跨越一切障碍。在最疯狂的时候，它足以毁灭人类。但是，异性的存在却是大自然希望人类能够繁衍下去的依据。如果任由人类沉溺在残暴狂热的情欲之中，毫无节制，毫无羞耻，每天以鲜血为代价来争夺配偶，那么人类命运将何去何从呢？

首先，我们要清楚，欲望越是强烈，就越需要法律的约束。但是，情欲每天给社会带来的骚乱和罪行已经证明法律在这方面力量的薄弱。除了可以得出用于压制这些情欲的法律存在缺陷之外，我们应该进一步思考，这些骚乱是否伴随着法律一起产生？因为即使法律能够压制这些情绪，但也存在一些没有相关法律就不会产生的混乱和犯罪，对于这些问题，法律的存在就造成了不良的影响。

首先，让我们区分一下爱这种情感的精神层面和生理层面。生理上的爱是促使两性彼此结合的普遍欲望；而精神层面的爱则将这种情欲放到一个特定的对象上，或者至少使他将更多的注意力放在一个偏爱的对象上。不难看出，精神层面的爱是一种人为的情感，受社会习惯的影响而产生。女性极力颂扬这种情感，以建立自身的权威，从而改变地位低下的现状，来获取精神上的统治地位。这种情感是建立在才德和美丽等观念的比较上的，而野蛮人没有这种认知，也不会做类似的比较，因此对野蛮人来说，这种情感是几乎不存在的。在他们的观念里，没有匀称和协调等抽象概念，所以他的心中也不可能产生爱和钦佩的感情，这种微妙的感情是在抽象概念形成之后才产生的。野蛮人完全受本能的支配，不会受他们不具备的偏好的影响，因此，对他们来说，任何女人都是同样合适的。在自然状态下，人们只有生理层面的爱，而没有追求爱情的狂热，这种狂热能够激起人们对爱情的感知，却加大了获取爱情的难度。那时候的人类很少发脾气，彼此间的争执也很少，即使偶尔出现，也没有那么残酷。那些烦扰我们的欲念，不会侵袭到野蛮人的心中。他们每个人只是静候着自然的冲动，自发地产生情欲，不那么狂热却十分愉快，且一经满足，欲望便会暂时平息。

因此，毋庸置疑，爱情和其他所有的激情一样，只有在社会中才会变得疯狂，给人带来灾难。此外，如果我们认为野蛮人为了满足兽性而自相残杀，这就更加荒唐了，因为这种观点与事实恰恰相反。例如加勒比人（迄今最接近自然状态的人类），他们生活在炎热的地带，按气候对他们的影响来说，他们的情欲应该是非常强烈的，但他们在恋爱中却很平静，也很少因嫉妒而发生纠纷。

在一些动物中，雄性往往会为争夺雌性而打得头破血流，或是在春天的树林中发出种种叫声。当我们从动物推断到人类时，必须排除这些种类的动物，因为它们雌雄两性之间数目的对比显然不同于人类，我们不能从公鸡相斗的习性中做出适合于人类的推论。我们可以清晰地观察到这些动物雌雄数量的比例，而造成雄性相斗的原因不外是由于雌性太少的缘故，或是由于雌性有一段时间会拒绝与雄性交配。如果每个雌性在一年中只有两个月愿意接近雄性，那么雌性的数量就少了六分之五。然而，这两种情况都不适用于人类，因为在一般情况下，女性的数量总是超过男性，即使在野蛮人之中，我们也不曾见过女性像其他动物那样存在发情期和排斥期。此外，在这些动物中，有好几个物种是同时进入发情期，这样便会出现一个充满欲望、骚乱、混乱和争斗的时期。但是，这种情况永远不会发生在人身上，因为人类的性欲没有周期性。因此，我们不能从某些动物为争夺雌性的争斗中得出人类在自然状态下亦是如此的结论，即使这个推论能够成立，这种搏斗也不会使其他种类的动物灭绝，因而我们没有理由认为它会给人类造成更大的威胁。很显然，在自然状态下，这种争斗造成的危害要比在社会状态下小得多，尤其是在那些道德观念比较强的国家，情人的嫉妒和合法配偶的报复每天都在发生，各种决斗、谋杀和更严重的犯罪接连上演。更为糟糕的是，在这些国家，坚守忠贞反而促进了通奸行为，而强调名誉和贞操的法律必然会助长淫乱之风，导致堕胎行为的不断出现。

我们可以得出这样的结论：整日游荡在森林中的野蛮人，没有劳役，没有语言，没有住所，没有战争，彼此间也没有任何联系，他们对同类既无需求，也没有任何伤害的念头，甚至根本不能区分他们中的任何人。由于他们自给自足，很少受情欲的支配，因此，他们只拥有适合这种状态的感情和知识，只会意识到自己真正的需求，只关注那些迫切需要关注的事物，而且他们的知识也没有得到更多的拓展。即使他们偶然发现了什么，也不能传授给别人，因为他们连自己的孩子都不认识，每一门技术都会随着发明者的死亡而消失。在这种既没有教育也没有进步的状态下，人们周而复始地生存繁衍着，许多世纪过去了，他们依旧生活在原始状态中，虽然他们的种族存在了很长时间，但是他们还是那样幼稚。

我用如此长的篇幅来阐述这种所谓的原始状态是因为有太多陈旧的错误观念和根深蒂固的偏见需要我们消除，因此我有责任刨根问底，从自然状态的描绘中证明：自然的不平等并不像学者所说的那样真实且影响深远。

事实上，我们不难看出，在区分人类差异的过程中，有很多被认为是源于自然的差异，其实只是习惯的不同或人在社会中选择的生活方式不同导致的。因此，一个人的体魄是强壮还是柔弱，脾气是暴躁还是温柔，往往取决于他的教养方式，而不是因为他天生秉性如此。智力的差别也是一样的，不仅受过教育的人和没受过教育的人之间有一定的差异，而且随着教育程度的提高，这种差异在受教育者之间也会增大。就像巨人和矮人在同一条道上每走一步，他们之间的距离就会增大一样。在文明状态下，不同阶级的人在教育和生活方式上存在惊人的差异，而动物和野蛮人的生活却简单而又统一：他们吃同样的食物，过着同样的生活，每天做着同样的事情。当我们将两种生活方式进行对比时很容易就能看出，人与人之间在自然状态中的差别是小于在社会状态中的差别，而社会制度的不平等一定会大大加剧人类在自然上的不平等。

如果真像人们所说，自然在分配天赋时有失公正，在人们彼此之间几乎没有任何联系的情况下，那么那些受到偏爱的人比其他人多得什么好处呢？对别人又有什么损害呢？在这一状态下，既然爱情不存在，那么美丽又有何用？既然人们不交流，那么机智又有何用？既然人们不互通交易，那么精于算计又有何用？我经常听到有人说，强者会压迫弱者，这里所说的"压迫"又是什么意思呢？有些强者通过暴力实行统治，而弱者只能默默地服从，在他们的统治下痛苦地呻吟，这种情况在我们现在的社会倒是存在，但是我不明白如何能据此推断野蛮人也是这样，因为让他们了解何为统治和奴役都颇为困难。诚然，一个人可以抢夺另一个人采摘的果实、捕获的猎物或用来居住的洞穴。但他如何能使别人屈从于他呢？对于一无所有的人类而言，他们之间的从属关系是如何形成的呢？如果有人将我从一棵树上赶走，我还可以去另一棵树上；如果我在一个地方受到打扰，我也可以去其他地方。是否存在这种情况：我碰巧遇到一个比我强壮，但十分低俗、懒惰和野蛮的人，在他自己无所事事的时候，却强迫我为他提供食物。要是这样，他得一刻不停地盯着我，就算睡觉也不能有一丝松懈，还要十分小心地把我捆绑起来，免得我逃掉或将他杀害。这样，反倒给他自己增加了痛苦，而这种痛苦比他本想避免的和强加给我的都要多。况且，他总有放松警惕的时候，或者听到什么动静回一下头，这时我只要逃进森林，在离他二十步以外的地方，将束缚在我身上的铁链弄断，就可以永远地离开他。

即使我不赘述这些细节，每个人也能明白，只有当人们相互之间产生依赖，或者有共同的需求将他们联系起来之后，奴役的关系才会形成。如果一个人不先沦落到没有他人帮助就无法生存的境地，他是不可能成为奴隶的。由于这种情形在自然状态下是不存在，因此每个野蛮人都是自己的主人，而强者法则根本无从生效。

综上所述，我们已经证明，在自然状态下人类之间的不平等是极为罕见的。因此，接下来，我们要做的是找出人类不平等的根源以及它在人类思想持续发展的过程中是如何演变的。上文已经提过，人类的自我完善能力、社会美德和其他各种潜能不能依靠自身发展，而必须借助多个神秘原因。这些原因可能来自永远不会发生的巧合。如果没有这些巧合，人类可能永远停留在原始状态。接下来，我必须找到并考察这些偶然因素，它们在发展人类智慧的同时，也败坏了人类；它们在增加人类社会属性的同时，也使人类变得邪恶，最终将人类和世界从那个遥远的时代一步一步变成今天的样子。

我承认，我将要描述的事件可能会以不同的方式发生，因此我只能通过一些猜测来做出选择。但是，当这些猜测是从事物本质中所能得出的最有可能的结论，或是检验真理的唯一途径时，它们就成为推理的依据。因此，无论是我还是其他人，如果不按照之前的推论依据和推论过程论证上述问题，是得不出和我之前一样的结论的。

有了这些，我认为可以不去思考以下问题：充足的时间如何使各种事件的发生成为可能？微不足道的原因如何在持续的作用之后产生巨大的力量？如果我们一方面无法为事件提供确定性，另一方面无法推翻某些假定的事实，那么我们也不用探讨这样的问题：我们用什么方法才可以找出两个相隔很久的事件之间，穿插着的一系列或未知或假想的中间事件？或者怎样用哲学思维推导出使这两个事件产生关联的类似事件？最后，在考虑各种事实的时候，我们可以根据一定的标准将这些复杂事件进行分类。我们怎么做才能把这些分类控制在一定数量之内？以上问题就留给评判员们去研究，普通读者不需要在这上面花费时间。

第二部分

谁第一个把一块土地圈起来,并想到说:"这是我的",而且让一群头脑简单的人居然对此信以为真,谁就是文明社会的真正奠基者。如果有人拔起木桩,填平沟渠,向他的伙伴们喊道:"不要听信这个骗子的话,不要忘记地球上的所有果实属于我们大家,而土地本身不属于任何人,你们如果忘了就要遭殃了。"那么,人们将免去多少犯罪、战争和谋杀,免去多少灾难和恐惧啊!然而,很明显,所有的事情都已经不可能回到原始状态了。因为在这种私有制观念产生以前,已经有一系列相关概念存在了。人类在脱离自然状态之前,已经有了很大的进步。他们获得很多技能和知识,并将这些知识代代相传,不断积累。因此,我们不得不再往前追溯,努力把这些缓慢发展的事件和陆续获得的知识按照最自然的顺序统一到一个观点之下。

人类最先感知的是自己的存在，最先关注的是如何自我保护。大地的产物为人提供了所需的一切，而人则在本能的驱使下使用这些产物。饥饿和其他欲望使他在不同时期体验到不同的生存方式。其中有一种欲望促使他繁殖后代，而这种盲目的倾向，由于缺乏内心情感，因而只能产生一种纯动物性的行为。情欲一旦满足，男女之间便形同陌路。即使是孩子也是这样，他们一旦能离开母亲独自生存，便与母亲不再有任何关系。

这就是人类最初的境况，在这种动物式的生活方式中，人们局限于纯粹的感觉，几乎没有利用自然的禀赋，也绝不会想到向大自然索取什么。但是，困难很快就出现了，他们必须学会如何克服这些困难：树木太高使他们无法采摘果实，其他动物同他们抢夺食物，凶猛的野兽甚至要伤害他们的性命。所有这些都迫使他们不得不增强自己的体质。他们必须让自己奔跑得更加敏捷、快速，在搏斗时表现得更加勇猛。不久之后，他们学会了利用来自大自然的树枝和石头来武装自己。他们学会克服大自然的障碍，在必要时与其他动物争斗，甚至与其他人争夺食物，或者在强者掠夺他们的东西之后想办法用其他东西代替。

随着人类的繁衍，人们的烦恼也随之增加。土壤、气候和季节的变化，迫使他们改变原有的生活方式。贫瘠的岁月，漫长而寒冷的冬天，炎热的夏天，使大地的果实枯萎，这要求人们发展新的技术。生活在海边和河边的人发明了鱼钩和鱼线，成为渔夫，以捕鱼为生。生活在森林里的人制造了弓箭，成为猎人。生活在寒冷国家里的人，学会了身披兽皮来抵御严寒。闪电、火山或某种侥幸的机会让他们认识了火，然后学会了生火，最后学会了用火煮熟他们以前生吃的食物。

如果人和其他动物或者同类之间频繁接触，那么人的头脑中自然会产生对某些关系的感知。我们可以用大、小、强、弱、快、慢、胆怯、勇敢，或其他类似的概念来表示这些关系。这些关系与某些需求相对应，然后几乎是在不知不觉之间，终于引起人类的某种思考，或者说引起人类某种天生的警惕，而这种思考会促使他们为保障自身的安全采取必要的措施。

这种发展带来的新智慧，使人类意识到自己比其他动物更优越。人尝试对动物设置陷阱，用千百种方式诱捕动物。尽管许多动物可能在速度或力量上超过人，然而它们最终不是被人驯服，就是被人杀害。这样，当人第一次审视自己的时候，就产生了一种自豪感。当他还不知道如何给各种生物划分等级时，就把自己视为最优越的物种，同时又将自己列为同类中最优越的人。

诚然，当时人与人的关系不像现在这样，人与人之间的交往并不比人与动物的交往更多，但他没有忘记对他同类的观察。随着时间的推移，他渐渐发现自己与同类以及伴侣之间存在很多相似点，而这些相似点又促使他推断出另一些尚未被发现的共性。当他发现在类似情况下，其他人的行为和他自己完全相同时，他自然而然地推断出他们对事物的感知和想法也与自己完全相同。这个重要的发现，一旦深深印入他的脑海，便会使他产生一种预感：为保证自己的安全和利益，最好的行为方式就是与他们待在一起。这种预感的准确性和推理一样，甚至比推理更准确。

经验告诉他，人类活动的唯一动力就是追求幸福，因此他能区分两种情况：第一，由于共同利益，他能够依赖同伴的帮助，这种情况比较少见；第二，由于利益冲突，他不能信任他的伙伴，这种情况更为罕见。在前一种情况下，人类以部落的形式聚集在一起，或者松散地结合在一起，这种结合对成员没有任何约束，会随着他们共同需求的消失而立即瓦解；在第二种情况下，每个人都在寻求自身的利益，如果认为自己足够强大，就会公开使用武力，如果觉得自己较弱，则会依靠自身的敏捷和灵巧生存下去。

通过这种方式，人们在不知不觉中获得了一些相互约定的粗浅观念以及履行这些约定能获得好处的模糊印象。但是，他们只有在面临眼前重大利益的抉择时，才会产生这种观念。因为他们不懂得为将来做打算，不用说遥远的未来，甚至连近在咫尺的明天都不在他们的考虑范围内。如果要捕捉一头鹿，每个人都知道，要想成功，就必须各司其职。但如果有一只野兔碰巧出现在他们中任何一个人的眼前，毫无疑问，他会毫不犹豫地追赶它，至于他的同伴能否抓到那只鹿，他不会太在意。

不难理解，人类这种交往使他们发展的语言，不会比那些成群的乌鸦或猴子的语言更为精致。含糊不清的叫声、大量的手势和一些模仿的声音，在很长一段时间内是通用语言。而在不同的区域，通过添加一些特定的发音（正如我前面曾说过的，最初语言的制定是不大容易解释的），产生了各自独特的语言。但这些语言都是粗糙和不完善的，很像现在发现的某些原始民族中使用的语言。

由于时间久远，而我叙述的事情又太过繁杂，同时，人类最初的发展变化又太过缓慢，几乎无人知晓，所以我不得不一笔带过。因为事情的进展越是缓慢，对过程的描述就越是应该简短。

这些最初的进步，终于使人类加快了前进的步伐，智力发展的同时，掌握的技能便越趋于完善。他们不再随便栖息于哪一棵树下，也不再躲到可以遮风避雨的山洞里。他们发明了几种坚硬而锋利的石斧，用来掘土和砍柴；他们用树枝搭成小屋，后来又学会了在茅屋上面涂上黏土和泥浆。这是时代第一次变革，人们互相组建家庭，从此便出现了某种形式的私有制，也给自己带来了无数的纷乱与斗争。然而，首先建造房屋的人似乎都是些强者，因为只有他们认为自己有足够的能力保护茅屋，而那些弱者由于打不过强者，最后只能模仿他们，建造自己的房屋。至于已经有了小屋的人，绝不会去占领邻人的小屋，倒不是因为茅屋不属于他们，而是因为那小屋对他们而言是无用的，如果想要霸占它，难免要和那个房子的主人展开一场殊死搏斗。

人类最初的情感来源于对新环境的适应，这种新的环境把丈夫和妻子、父亲和孩子聚集在一个共同的居所内。共同生活的习惯很快产生了人类最美好的情感，即夫妻之爱和父母亲情。每个家庭都成了一个小社会，而彼此之间的依恋和自由是连接这个社会的唯一纽带，所以这个社会上的各种联系变得更加紧密了。原本具有相同生活方式的男女两性，从这个时候开始产生了最初的差别，女性变得更加居家，习惯于料理家务和照顾孩子，而男人们则外出寻找全家人共同的食物。由于生活变得舒适，他们也开始失去了一部分强悍的力量。虽然个人单独与野兽搏斗的能力在某种程度上有所减弱，但在另一方面，他们却更加明白如何团结起来共同抗敌。

新环境中的人类，过着简单而又孤独的生活，他们的需求很少，而且发明了很多工具来满足日常之需，因而他们享有较多的闲暇，用来安排祖辈没有的各式各样的舒适享受。这是人们无意中给自己戴上的第一道枷锁，也是为后代遗留的第一个痛苦的源头。因为这样一来，不仅他们的身体和精神会逐渐衰弱，而且这些舒适的享受会渐渐变成一种习惯，直至最后，这些习惯使人类丧失了幸福感。而这种对幸福的追求也会转化为人类真正的需求，得不到这些享受带来的痛苦将远远大于拥有这些享受时带来的喜悦。从此，人们会因失去这些享受而感到痛苦，却不会因为拥有而感到幸福。

在这里，我们可以更好地了解，语言在每个家庭中是如何逐步发挥作用并趋于完善的。我们还可以推测，各种不同的因素使语言变得越来越重要，从而加速了语言的发展并扩大了其使用范围。洪水泛滥或地震使人们的栖息地被悬崖峭壁和洪水包围；地壳运动使大陆的某些区域分割成岛屿。不难看出，因为这些原因而不得不聚集起来的人们，一定比那些在广阔的大地上或森林中四处奔跑的野蛮人更容易发展出共同的语言。因此，很有可能岛民们在首次航行之后，就把语言的使用带到了大陆。或者，在大陆上还不知道什么是社会和语言之前，岛上已经建立了社会，发明了语言，而且两者已经到了相当完善的地步。

于是，一切都开始发生变化。此前一直在森林中游荡的人们开始定居，逐渐聚集形成部落，最后在每一个区域形成一个有共同风俗和性格的独特民族。这些民族不是由法律和法规维系，而是因相同的生活方式、饮食方式以及共同的气候影响而形成的。同时，长期邻近的生活进一步催生了不同家庭之间的联系。青年男女比邻而居，在自然的驱使下发生临时关系，日益频繁的往来又将这种临时关系变为另一种亲密而持久的关系。人们开始考虑对象之间的差异并进行比较，在不知不觉中获得"才能"和"美丽"的观念，由此产生偏爱的情感。由于习惯于经常见面，彼此一不相见便怅然若失，一种温柔而甜蜜的情感悄然渗入到他们心中，只要稍微遇到不理想的事情，这种感情就会变成狂热的怒火。爱情激起了嫉妒之火，情侣一旦反目，最温柔的情感也会导致血淋淋的牺牲。

随着思想和情感的相互交融，心灵和精神开始活跃，人们逐渐抛弃原有的野性。他们联系日多，关系也日益亲密。人们经常围在屋前的大树旁，唱歌和跳舞作为爱情和闲暇的真正产物，逐渐成为他们的娱乐和消遣方式，甚至成为男女聚在一起唯一要做的事情。每个人都开始关注别人，也希望得到他人的关注。公开的称赞变成了一种荣誉。谁唱得好，谁跳得好，谁最英俊，谁最强壮，谁最灵巧，谁能说会道，谁就会得到更多的关注。这便是人类不平等的开始，同时也是迈向罪恶的第一步。在最初的关注中，一方面产生了虚荣和蔑视，另一方面也产生了羞耻和嫉妒。新生活引起的混乱，给人类的幸福和安宁带来了巨大的打击。

人们开始相互品评,"尊重"的观念在人的心底扎根,每个人都认为自己有被尊重的权利,从此以后,再也没有人觉得得不到尊重不是一件大不了的事。即便是野蛮人,也产生了对礼貌的要求。从此以后,所有故意的侵害都成了一种侮辱,因为除了可能造成的损失之外,受害人还认为这是对他人格的蔑视,这种蔑视往往比损失本身更让人难以忍受。

因此,每个人都会报复那些轻视他们的人,于是行为变得十分可怕,人也变得血腥和残忍。这正是我们熟知的大部分原始民族所处的状态。正因为我们在脑海中缺乏对原始民族合适的定位,没有看到它们与自然状态已经相去甚远,所以许多著述者才草率地得出结论:人类天生残忍,需要文明制度来使他变得更加温和。实际上,再也没有什么比原始状态下的人类更温和的了,在原始状态下,他们既没有动物的愚昧,也没有文明人的智慧,同时他们的本能受理性的制约,只知道保护自己免受祸害的威胁,又因天生的怜悯心而不会伤害别人,即使受到伤害也不会想到要报复。正如哲人洛克所说的,没有私有制,就没有伤害。[1]

但必须指出的是,社会一旦形成,人与人之间建立联系,就要求人们具有一种不同于人在原始状态下的品质,况且道德

---

[1] 这是英国哲学家洛克在《人类理解论》(第四卷)中讲的内容。

观念已经开始渗入人类行为之中。在法律制度建立以前，每个人都是唯一的审判者和复仇者，因此曾经适合于纯自然状态的善良也不再适用于这个新诞生的社会了。随着互相侵害的频率日益增加，复仇的手段也越来越残忍，这时候，对复仇的恐惧代替了法律的制裁。尽管人们越来越没有耐性，尽管天生的怜悯心已遭到某种程度的扭曲，但是人类能力在这个时期的发展正处于悠闲的自然状态和自尊心急剧膨胀的社会状态之间，这应该是最幸福、最稳定的一个时期。我们越是思考这个问题，越会发现这种状态极不易发生变革，而且也是最适合人类的一种状态[注释十六]。如果之后没有发生某些偶然性事件，人类绝不会脱离这种状态。当然，为了人类的共同利益，这种偶然事件最好永不发生。我们发现野蛮人大多处于这种状态。他们的事例似乎可以证明：人们本该一直停留在这一时期，这才是人类真正的青春时代，之后的发展看似促进个体的完善，实则却使人类走向衰败。

只要人们还满足于他们简陋的茅屋，只要人们还满足于穿着用荆棘和鱼骨缝制的兽皮，只要人们还满足于只用羽毛和贝壳装饰自己，只要人们还愿意继续用颜料涂抹全身，继续改进和装饰他们的弓箭，继续用锋利的石头制造渔船或打磨粗笨的乐器。总之，当他们只从事那些仅靠一人就能完成的工作，而不需要其他人从旁协助的时候，他们就能继续享受自由、健康、善良、幸福的生活，并继续享受着自由交往的快乐。然而，从人们需要他人协助的那一刻起，从某个人觉察拥有两份食物对他有利的那一刻起，平等就消失了，私有制就产生了。从此，劳动成为必需，广袤的深林变成需要用人的血汗灌溉的茂盛田野，奴役在此萌芽，苦难也随着这片庄稼一起生长。

冶金和农业这两门技艺的发明促成了这场伟大的革命。在诗人看来，促使人类走向文明又将他们诱向堕落的是黄金和白银；而哲学家则认为，罪魁祸首是铁和小麦。正因为如此，生活在美洲的野蛮人对这两种技术都不了解，所以他们一直停留在未开化的状态；其他民族只学会了其中一项技术，他们似乎也处于野蛮状态。欧洲的开化，与其他洲相比不是最早的，却有着比其他地方更为持久、更加高度发展的文明，之所以如此，最主要的原因就是欧洲不仅产铁最多，同时也是产麦子最丰富的地方。

我们很难猜测人类最初是如何认识和使用铁的，因为我们无法想象人们会挖出铁矿，将它们处理好并投入熔炉，却对于这样做的目的全然不知；另一方面，我们也不能把这个发明归因于某次偶然的火灾，因为矿石只存在于没有植物的贫瘠之地。由此可见，大自然似乎煞费苦心地对我们隐瞒了这一致命的秘密。这样一来，就只有在极不寻常的情况下，火山突然喷发，喷射出已经熔化的金属物质，看到这一幕的人们由此产生了模仿自然的想法，开始冶炼金属。我们必须进一步设想，他们一定拥有足够的勇气和远见，来承担如此艰巨的工作，并且很早就能预见他们将来可以给从中获取利益，这些都需要非凡的智慧，而当时的人是不会拥有这种智慧的。

关于农业，早在人们将其付诸实践之前，它的原理就被人熟知了。事实上，人们经常以树木和植物为食，几乎不可能不知道自然繁殖植物的方法。然而，在很久之后，人们才开始从事农业生产，这要么是因为人们通过打猎和捕鱼就足以维持生计；要么是因为人们不够了解谷物的用途；要么是因为人们没有种植谷物的工具；要么是因为人们对未来的需求缺乏远见；最后，还可能是因为人们没有办法阻止别人掠夺他们的劳动果实。

当人变得更加灵巧以后，我们自然会相信，他们开始借助锋利的石头和削尖的木棍，在小屋的周围种植一些蔬菜或根茎类植物。在很长一段时间之后，人们才学会种植谷物，或者拥有大规模种植谷物必需的工具。更不必说，要从事农业耕种，愿意牺牲即时的需求来换取更大的收获，这个远见是野蛮人不具备的，正如我之前说过的，他们甚至无法在早上预料到晚上需要什么。

因此，对于从事农业生产的人而言，发明其他技艺就显得至关重要了。有了冶炼和锻造铁器的工匠之后，就得有人来供养他们。工人的数量越多，从事农耕的人数就相应地越少，但是每天需要吃粮食的人数还是和以前一样，并没有减少。因此，就有一部分人需要用铁来交换食物，所以一些人就想到了用铁交换农产品的办法。通过这种方法，一方面建立起了畜牧业和农业，另一方面也诞生了金属加工和金属推广及应用方面的产业。

土地开始耕种必然会导致土地的分配，而私有财产一旦被承认，便会产生最初的公正原则。因为要保护个人财产，就必须让每个人先拥有一些东西。当人们开始着眼于未来，并感觉到自己有可以失掉的东西时，没有一个人不害怕由于损害他人财物而遭到报复。这种起源之所以合乎自然，是因为我们不能撇开劳动而思考私有财产的产生。除了体力劳动之外，人类还能以什么方式来获取不属于他的东西？只有劳动才能给予耕种者权利来获得他耕种土地上的所有产出物，也给予他占有这片土地的权利，至少在粮食收获之前是这样。因此，时间一久，这种持续的占有很容易转化为私有。格劳秀斯[①]曾说过，当古

---

① 格劳秀斯在《战争与和平法》中写道："古人把西利斯称为立法者，并创建丰收节来庆祝她所带来的神圣权利，这样做的目的是表明土地的分配已经导致了一种新型权利的产生。"

人赋予克瑞斯①以"立法者"的称号,并将纪念她的节日命名为"丰收节"时,他们便已表明,土地的分配催生了一种新的权利,即所有权,它和自然法中的权利不同。

在这种情况下,如果人们的才能相等,平等本来是可以维持的,比如铁的使用和农产品的消费总能保持精确的平衡。然而,没有任何东西可以维持这种平衡,因此它很快就被打破了。身体强壮的人可以完成更多的工作;手脚麻利的人能够缩短工作时长;头脑灵活的人可以设法减轻劳动;农夫需要更多的铁具,铁匠需要更多的麦子。即便是同样的劳动,有的人可以挣得更多,有的人则难以糊口。自然的不平等随着关系的不平等逐渐显现出来,人与人的差别随着境遇的不同而不断扩大,这种不平等产生的影响也越来越深远,继而影响到人类的命运。

事情发展到这一步,其余的事情就可想而知了。我无须再描述其他技艺的相继发明、语言的发展、才能的试验和运用、财产的不平等、财富的使用和滥用,以及与此相关的所有细节,读者可以自行补充。下面,我将仅仅概括这个新时期中人

---

① 克瑞斯是罗马神话中的农业和丰收女神,对应希腊神话中的德墨忒尔。除了司管谷物和大地的丰饶外,德墨忒尔还被尊奉为立法女神或正义女神。

类的状况。这时，人类的所有能力都得到了发展，记忆力和想象力得到了充分发挥，自尊心被唤醒，理性活跃起来了，智力几乎达到了巅峰。所有自然的品质都发挥了作用，每一个人的地位与命运不单建立在财产数量的多少、影响他人能力的大小上，也建立在智慧、美貌、力量、技术、功绩或才干等种种品质上。唯有这些品质，才能赢得别人的尊重，因此很快，它就成为人们必须拥有或假装拥有的东西了。

如今，人们为了争夺利益表现出与真实面目不同的形象。"实际是"和"看起来是"成为两种完全不同的概念，正是从这种区别中产生了奢华的排场、欺人的诡计以及随之而来的无数恶行。另一方面，人原本是自由和独立的，但现在，由于新的需求层出不穷，既不得不受自然的支配，更不得不受他人的支配。表面上看，他成为其他同类的主人，但从某种意义上来说，却同时成为他人的奴隶。富人需要别人的服侍，穷人需要别人的援助，既不穷也不富的人也不能摆脱对他人的依赖。于是一个人必须不断设法引起旁人的关注，让别人误以为帮助他就会给自己带来利益。如此，这个人在某些人面前就会变得阴险狡诈，而在另一些人面前变得专横残忍。当他不能使一些人畏惧自己，又认为服侍另一些人对他没有好处的时候，势必会欺骗他需要的一切人。

贪婪的野心，与其说是出于真正需要，不如说纯粹是为了凌驾于他人之上。这些欲望，使所有人都产生一种损害他人的阴险意图和一种隐秘的嫉妒心。这种嫉妒更加危险，因为它为了达成目的，使人们戴上伪善的面具。总之，一方面是竞争与倾轧，另一方面是利益的冲突，人人暗藏损人利己之心。这一切罪恶，都是私有制的第一个后果，也是不平等发展的必然产物。

在人们还没有发明象征着财富的标志之前，财富指的就是土地和牲畜，这是人们拥有的唯一财产。然而，当这些财产不断积累与扩充，从而占据整个土地，并且彼此毗邻的时候，一个人只能通过牺牲另一个人的利益来使自己富裕起来。同时，那些因过于软弱或懒惰而无法扩张土地的人，虽然看似什么都没失去，实则变成了穷人。因为他周围的一切都变了，只有他没有任何改变，于是他不得不从富人那里接受施舍或抢夺生活的必需品。

这样一来，最强大的人，或是最悲惨的人，将他们的力量或需求视作可以占有他人所有物的一种权利，而这种权利在他们看来，就等于所有权，由此带来的不公继而为社会带来了可怕的骚乱。富人霸占、穷人抢劫，各种无节制的欲望，使自然的怜悯心同微弱的正义之声一同消失，人类变得吝啬、贪婪和邪恶。最强者和最先占有者之间发生持续不断的冲突，这些冲突只会因战争和谋杀而终止。[注释十七]渐渐地，初生的社会陷入可怕的战争状态。可耻而又悲痛的人们,无法再走回头路,也无法放弃他们获得的不幸的战利。他们只好苟且偷生,在滥用为他们带来种种荣誉的能力之后,把自己推向毁灭的边缘。

> "受到新罪恶的惊吓,成为富人也是悲惨的人,他只想逃离财富,并痛恨他不久前还在祈求的东西。"①

人们不可能对这样一种悲惨的处境不作反省,也不可能从不考虑那些折磨人的灾难。特别是富人,他们一定会感到,一个永无止境的战争状态对他们是多么不利,他们在这种状态中要付出多少代价,尽管所有人都冒着生命危险,但可能只有他们要付出额外的钱财。此外,不管富人如何为自己的巧取豪夺进行辩护,他们都知道这些行为是建立在岌岌可危的虚假头衔之上的,如果别人用武力夺走他们本来用武力夺来的财产也没有理由抱怨。即使是那些因勤劳而致富的人,也很难为自己的财产做更好的辩护。他们可能会说"这是我修建的墙"或

---

① 引自古罗马诗人奥维德的《变形记》。《变形记》第11卷中有"弥达斯王的点金术"的故事,卢梭在这里讽刺的对象正是那位乞求能够点石成金,但最终却无东西可吃的弥达斯国王。

者"这块地是我劳动所得"。有人可能会问："你们占有的土地是谁给你的？没有人强迫你们劳动，你们凭什么向大家索取报酬？难道你们不知道，多少人正因为你占有太多才忍饥挨饿的吗？如果你们想要占有生存之外的公共资源，难道不需要征得其他人的同意吗？"富人既缺乏一个有效的理由来进行自我辩护，也没有足够的力量来捍卫自身财产，虽然他们能轻松制服一个人，但是也很容易被那些企图侵占他们财产的人打败。同时又因为富人之间相互嫉妒，他们无法与其他同伴团结在一起抵抗那些抢夺他们财产的团伙。迫于压力，富人想出了一套前所未有的方案，那就是在敌人阵营中募集一支武力队伍为自己服务，将原来的敌人转变成自己的保卫者，给他们灌输新理念，在他们之中建立新制度，这些制度摒弃了自然法为富人设立的不利条件，从而使他们的财产得到有效的保障。

鉴于此，他们向邻居们讲述了一个人人自危，拥有财产如同拥有需求一样是具有负担的，贫富皆无安全可言的可怕局面之后，又轻而易举地编造了一些似是而非的理由，来诱惑别人帮助自己达成目的。他们说："让我们团结在一起，保护弱者不受压迫，制约强者的野心，确保每个人都能拥有属于自己的东西；让我们制定一些平等、和平的准则，每一个人都必须遵守这些准则，没有人可以例外；让强者和弱者承担相同的义务，以弥补财产分布不均造成的不公；总之，让我们联合起来汇集成一个最高权力组织，通过公正的法律来治理我们，保护这个团体中的每一个成员，驱逐共同的敌人，维持我们永恒的和谐关系。"

其实，为诱惑那群愚昧、容易受骗的人，富人是不需要花这么大工夫的。因为他们之间有太多的纷争，没有裁决者根本无法解决；他们又有太多的野心和贪欲，没有权威者根本无法生存。因此，一听到召唤，他们就急不可耐地朝着牢笼的方向奔跑，满心欢喜地以为这样便可获得自由。他们虽然有足够的智慧来理解政治制度的好处，却没有足够的经验来预估它可能带来的危险。而最有能力预见危险的人，恰恰是希望从中获益的人。即使是最智慧的人，也认为牺牲一部分自由来保证其余部分的自由也不是不可行，就像一个受伤的人为保全身体的其余部分而砍掉手臂一样。

社会和法律的起源就是这样，它给穷人套上了新的枷锁，给富人赋予了新的权力。[注释十八]纯粹自然的自由被彻底摧毁，而保障私有制或不平等的法律却得到进一步巩固。这种法律将富人的巧取豪夺变成了不可改变的特权，为了少数野心家的利益，使全人类永远处于劳动、奴役和悲惨之中。不难看出，一个社会的建立必然会造成其他社会的出现，以及为了对抗联合的力量，所有受压迫的人应该联合起来。社会的快速扩张使得这一组织形式遍布整个地球，在这个世界上，我们再也找不到一个角落能使人们摆脱枷锁，不再将头颅置于那胡乱操控的利剑之下。民法已经成为所有公民的共同准则，而自然法则只能在不同社会之间适用。在各个社会中间，人们还假借人权的口号，用一些默认的规定减轻了自然法则的效力，以便使社会间的交往成为可能，并代替自然的怜悯心发挥着作用。这种怜悯心，在社会中几乎丧失了对个人的所有影响力，如今只存在于少数几个世界主义者的理想之中，他们打破阻碍各民族人民交流的思想藩篱，像伟大的造物者那样，将全人类纳入他们的仁慈之中。

然而，这些存在于自然状态中的政治团体，很快开始感觉到其中可能存在的缺陷，最终不得不摆脱这种状态。事实上，这种状态，对这些政治团体造成的危害，要比对个人造成的危害大得多。正是从中产生了使自然为之战栗的、违反理性的民族战争、杀戮和报复，并制造出各种恐怖的偏见，把流血牺牲归为美德的一部分。最正直的人也把残杀同伴当成他的义务。最后，我们看到人们在不知为何的情况下，成千上万地屠杀自己的同类。他们在一天的战斗中所杀的人和攻占一座城池所用的暴力，远远超过他们在自然状态下受到的伤害和感受到的恐惧。这就是人类组成不同的社会之后产生的初步影响。现在，我们还是回到政府设立的最初。

我知道，许多人对政治社会的起源给出了各式各样不同的解释，例如强者的征服或弱者的联合。事实上，选择其中哪一种原因并不重要。不过，在我看来，上文阐述的原因是最合乎自然的，原因如下：

一、在第一种情况下，征服权本身并不是一种权利，因此不能据此创立其他任何权利。征服者和被征服者之间将永远处于战争状态，除非被征服者恢复了完全的自由，甘愿推举胜利者作为他们的首领。在此之前，无论人们签订了怎样的投降协约，都是建立在暴力的基础上。就此而言，这些协定是无效的，因此，在这一假设下，既不会出现真正的社会，也不会有政治体制，唯一出现的法则就是强者法则。

二、在第二种情况下，"强"和"弱"之间的区分并不是很清晰，从产生财产所有权或优先占有权到建立政治组织这一时期，倒不如用"富"和"穷"这两个词来代替"强"和"弱"。事实上，在法律建立之前，一个人想要征服自己的同类，除了抢占他人财产或将自己财产的一部分分给他人之外，就没有其他的办法了。

三、因为穷人除了自由之外一无所有，除非他们完全丧失理智，否则绝不会白白地放弃他们唯一的财产。而对富人来说，他们对自己的财产极为看重，相对穷人来说，损害他们的利益是更容易的。因此，为了确保财产的安全，他们必须采取一些防备措施。总之，我们有理由相信，某个人发明某样东西，一定是那样东西对他有益；如果这个东西对他有害，他是绝不可能去发明它的。

政府在初创时期并没有稳定正规的组织形式。由于缺乏足够的智慧和经验，人们只能看到眼前的弊端，而对其他弊端只有在出现之后才想到去纠正它。尽管最睿智的立法者付出了很多心血，但政治状态仍不理想，因为它不过是偶然的产物，而且政府从刚建立起就存在问题，即使随着时间的流逝，人们在发现越来越多的缺陷之后，可以想办法进行补救，也根本无法修补这一组织原有的缺陷。人们只是不断地修修补补，却不能像来库古[①]在斯巴达所做的那样，首先清理地面，并拆除旧物，然后建立一座稳固持久的大厦。社会最初不过是按一些一般公约组织起来的，每个成员都有义务遵守这些公约，为了履行公约，整个社会都要为每个人提供保障。然而，经验证明了这样一个组织是多么脆弱，以及违反公约的人又多么容易逃避惩罚。人们不但可以千方百计地逃避法律的制裁，各种不便与混乱还会不断增加，直到最后人们觉得有必要将公共权力托付给某个人，委托一些法官保证人民决议的执行。如果说在联邦成

---

① 来库古是古希腊斯巴达城邦的重要政治人物。虽然不是很清楚来库古是不是一个真实的历史人物（罗素的《西方哲学史》认为他是关于阿卡狄亚人起源神话中的人物），但是许多历史学家都相信来库古对斯巴达进行了社会和军事的改革，从而改造了斯巴达的社会。

立之前就选出了首领，或者法律产生以前就出现了法官，这种荒唐的假设简直不值得认真考虑。

然而，认为人们一开始就无条件地、不计回报地投入一个专制主人的怀抱，认为骄傲自大、不服管教的人们为了共同的安全采取的第一个权宜之计就是一头扎进奴隶制，那也是不合理的。事实上，如果不是为了对抗压迫，以及保护他们的财产、自由、生命等那些生存的基本要素，他们又为何选出一个统治者呢？而且，在人与人的关系中，一个人可能遭遇的最糟糕的情况，莫过于发现自己受另一个人支配。若一个人开始就将仅有的财产交到首领手中，这难道不有违常理吗？对首领而言，他能提供什么样的等价物来换取如此珍贵的权利呢？他如果以保护为由妄图索取，那他马上就得到一个讽刺性的回答："敌人还能把我们怎么样呢？"所以，毫无疑问的是，人们设立首领是为了保护自己的自由，而不是让自己沦为奴隶，这是所有政治权力的基本准则。正如普林尼[①]对罗马帝国皇帝图拉真[②]所说："如果我们拥有君王，那目的就是为了保证我们不做

[①] 这里指小普林尼，古罗马作家大普林尼的外甥和养子。小普林尼是出色的讼辩家，但他的演说词几乎全部散失，传世的只有《图拉真颂》1篇。小普林尼的颂词不仅是对图拉真的赞颂，而且也是对所有罗马皇帝职位的定义、职责的归纳和行为操守的规范。

[②] 图拉真，古罗马皇帝，五贤帝之一。他在位时立下显赫的战功，使罗马帝国的版图在他的统治下达到了极盛，元老院曾赠予他"最优秀的第一公民"的称号。

任何人的奴隶。"

政客们关于热爱自由所做的诡辩,正如哲学家对自然状态所做的诡辩一样,他们用自己看到的东西,来评判他们从未见过的截然不同的事物。他们因为看到有些人能忍耐奴役的生活,便认为人类天生就有奴性。然而他们没有想到,自由就像纯真和美德一样,只有拥有它们的人才知道它们的价值,而一旦失去它们,人们对它们的兴趣也会随即消失。就像布拉西达斯①对一个将斯巴达的生活与波斯波利斯的生活相提并论的波斯执政官所说的:"我知道贵国的好处,但你却无法体会我们国家那里的快乐。"

这就如同一匹未被驯服的骏马,看到缰绳会立刻竖起鬃毛,以蹄击地,猛地后退挣脱,而一匹被驯服的马则会耐心地忍受马鞭与马刺。同样的道理,野蛮人不愿像文明人那样,默默地忍受奴役,他们宁愿选择用暴力去换取自由,也不愿用被奴役换取和平。因此,我们不能从被奴役的人们那里来判断人的天性是接受还是反对奴役,而应该根据每个自由民族为使自己免受压迫而做出的巨大努力来洞悉他们的真意。我知道,前

---

① 布拉西达斯,伯罗奔尼撒战争前十年最杰出的斯巴达军官。这是布拉西达斯在回答一位波斯执政官的质问:"为什么斯巴达不愿意归降于波斯"时,所做的答复。

者不停炫耀他们在牢笼中享有的和平与安逸，悲惨的奴役生活也被他们称为和平。但是，当我看到另外一些人不惜牺牲自己的快乐、安逸、财富、权力，甚至生命，来换取这个被失去它的人如此蔑视的唯一财富时；当我看到那些天生自由的动物，由于厌恶囚禁而撞向笼子的栅栏时；当我看到许多赤身裸体的野蛮人蔑视欧洲人的享乐，为捍卫自由和独立而勇敢地与饥饿、烈火、刀剑和死亡对抗时，我深深地感觉到，奴隶是不配谈自由的。

关于父权，很多学者认为专制政府和整个社会都是由父权派生出来的，我们无须引用洛克和西德尼的相反论证，只需要注意，在这个世界上，与专制体制的残暴最不相同的，就是父权的温和。父权更加看重服从者的利益，而不是只关心号令者的权益。同时，依照自然法则，父亲只有在孩子需要照顾的时候，才算是孩子的主人，等孩子长大成人之后，他们俩就是平等的，儿子完全独立于父亲，对他只有尊敬而没有服从，因为报恩确实是子女应尽的义务，但却不是父亲应当要求的权利。因此，与其说公民社会源于父权，不如说父权的主要力量来源于社会。一个人只有当子女聚集在他周围时，他才会被承认是他们的父亲。

父亲确实是财产的主人，他的财产使他的孩子依附于他，如果他愿意，他可以不把他的财产分给他们，除非孩子们顺从他的意志，使他感到满意。但是，臣民们却远不能从他们的君主那里得到类似的恩惠，因为他们本身以及他们的财产都是属于君主的，至少君主本人是这样认为。因此，当君主愿意留给他们一点自己的财产时，他们还得感恩戴德，君主让他们活着算是施恩，剥削他们也是一种公正。

如果从权利出发，继续探寻事实，我们就会发现，专制政权的建立是出于人民自愿这一说法，既没有可靠的证据，也缺乏真实性。同时，我们也难以证明这样一份契约的合理性：缔结契约的一方承担所有的义务和风险，而另一方只享受权利，这样只有承担风险和义务的那一方受到损害。这种极不合理的制度，即使在今天，依然无法与智慧贤明的君主制相提并论，尤其是法国的君主制。这一点可以从他们的诏书中看到，例如在1667年，由路易十四颁布的一段诏书中所说的：因此，我们绝不能说君主可以不受国家法律的约束，因为与此相反的命题乃是国际法中的一条真理。尽管这一真理不时受到谄媚者的攻击，但贤明的君主总是像国家的保护神一样捍卫这条真理。有什么比柏拉图说的，认为一个国家最大的幸福就是臣民服从君主，君主服从法律，而法律是公正的，永远为臣民谋幸福，来得更加合理呢？

我在这里不想探究，既然自由是人类最高贵的权利，那么为了讨好一个疯狂或残忍的主人竟完全抛弃造物主赐予我们的最珍贵的礼物，听从主人的命令去犯造物主禁止的一切罪行，这是不是自甘堕落，使自己沦落为只受本能支配的被奴役的畜生？我也不想探究造物主这个伟大的创造者，在看到自己的杰作被摧毁时，是否比他看到自己的作品被羞辱更加地怒不可遏。如果人们愿意，我就不详细引用巴尔贝拉克的说法，他根据洛克的观点直率地指出：任何人都不得出卖自己的自由，不得屈服一个可以任意支配他的专制权力。他补充道：因为这就相当于出卖自己的生命，而任何人都不是自己生命的主人。我想要问一问，那些自甘堕落的人有什么权力让他们的后代也遭此屈辱？他们有什么权力替他们的后代放弃那些并非由他们本人赠予的幸福？对于那些理应享受这些幸福的人们来说，若没有这些幸福，生命本身就成为一种负担。

普芬道夫说，正如人们通过约定或契约将财产转让给他人一样，个人也可以为他人的利益放弃自己的自由。我认为，这是一个极端错误的结论。因为，首先财产一经转让就不再属于我，对我而言，别人滥用它与我无关；但别人是否滥用我的自由却与我息息相关，因为我将沦为犯罪的工具，不得不为所犯之罪负责。其次，所有权不过是出自人类的一项制度的约定，人们可以随意处置他们拥有的东西；但生命和自由这种自然的馈赠却不是这样，每个人都可以享有它们，但毫无疑问，没有人有权放弃它们。放弃自由，等于是贬低个人的存在；放弃生命，等于是否定个人的存在。在这世上，没有任何财产能弥补这两者的损失，因而人类无论以何种代价将其抛弃都是对自然和理性的触犯。而且，即使我们能像转交财产那样转让自由，对孩子而言，也应另当别论。孩子只有通过权利的转让才能享有父亲的财产，而自由是他们作为人从大自然中得到的恩赐，他们的父母无权剥夺他们的自由。因此，要建立奴隶制，就必然会违反自然；而要延续这种权利，就必须以暴力改造自然。那些宣称一个奴隶的孩子生来就是奴隶的法理学家，等于宣布一个人一出生就不是人。

因此，我确定的是：首先，政府一开始并不是由专制的权力来统治。专制权力只不过是政府堕落的结果，也是政府发展的极端阶段，正是这一权力使政府最终回归到它最初旨在纠正的强者法则。其次，即使政府确实以这种方式开始，但由于其不合法的本质，这一权力也无法作为社会权利的基础，因此也不能把它当作制度不平等的根源。

现在，我不打算深究所有政府基本契约的性质，我只想采用一般观点，把政治机构的建立视为人民和他们选出的首领之间达成的真正契约，双方通过这份契约约束自己遵守其中规定的法律，这些法律是连接他们双方的纽带。在社会关系方面，人民将他们所有的意志汇总，形成共同的意志，有关这一意志的若干条款形成法律条文，所有国家成员无一例外都必须遵守。其中一条规定了负责监督执行其他各项法律的法官的选任和权力，这项权力包括一切维护宪法的职权，但不包括修改宪法的权力。同时，为了使法律及其执行者受到尊重，人们还规定了一些荣誉条款，执法者享有个人特权，以补偿他们为管理好国家事务付出的精力和劳动。而对于法官而言，他们必须按委托人的意志在职权范围内行使自己的权利，确保每个人都能安全地享有他应享有的一切权利，并且在任何情况下都要优先考虑公共利益而不是个人利益。

在经验还没有被证实，或者在人们的知识还不能使他们预见到这种宪法不可避免的弊端之前，它似乎就是一部最好的宪法，因为负责维护这一宪法的官员本身就与宪法有着密切的利害关系。法官与他们的权力均建立在法律之上，法律一旦被破坏，官员们也就丧失了其合法地位，人民也无须再服从他们的命令。因为国家存在的基础不是官员而是法律，因而当法律不存在的时候，人们将重新获得天赋的自由。

只要稍作思考，我们便会发现：这种契约本质上不是不能解除的，这一点将会被一些新论据证实。因为，如果没有更高的权力来确保契约签订双方的忠诚，并强迫他们履行彼此之间的承诺，双方将只能自己充当自身的判官，那么当其中一方发现对方违反了规定或者这个契约不再符合他的利益时，他随时都有权解除契约。很可能，解除契约的权利就是以这种原理为根据的。然而，我们现在研究的是人类的制度问题，不难发现，如果法官手中握有大权，又将契约中的所有好处都据为己有时，仍有权抛弃职责的话，那么因长官们的错误决策而受苦受难的人民更应该有权拒绝服从。伴随危险的权力必然带来可怕的纷争和无穷的混乱。这些纷争的骚乱比任何其他事情都更能说明：人类政府多么需要一个比单纯的理性更坚实的基础，并且为了公众的安宁，多么需要神意的参与，以便赋予最高权力以一种不可侵犯的特质，从而剥夺人们可以自由处置它的致命权利。从这一点看，即便宗教有它的弊端，没有为世人带来其他好处，人们也应当皈依和信仰宗教，因为宗教避免的残杀事件，要比因宗教导致的恐怖事件多得多。

政府的不同形态，起源于其建立之初，个人之间或多或少的差异。如果有一个人在权力、美德、财富或个人影响力方面出类拔萃，那么他就会被选为唯一的长官，国家则变成君主制；如果有一群彼此差不多的人，他们优于其他所有人，又被同时选出来执政时，贵族制国家也就应运而生；而那些刚刚脱离自然状态不久，无论在财产还是才干方面都比较相当的人，共同组成一个最高的政权，便形成了民主制国家。只有经过时间的检验，人们才能发现哪一种国家最适合他们。有些人只需服从法律，另一些人则很快地臣服于主人；公民们努力维护自己自由的权利，而臣民们却想掠夺周围人的自由（因为当别人享受自己失去的幸福时，这会使他们恼羞成怒）。总之，臣民们一边想拥有财富和权力，一边还想获取幸福和美德。

在不同形式的政府中，所有的官员最初都是由选举产生的。当财富不足以影响他人的时候，人们就会优先考虑功绩，因为功绩给人带来天然的威望；之后，人们会考虑年龄，因为年长的人处理事务经验丰富，决策事情头脑冷静。无论是希伯来人的"长者"，斯巴达的"长老"，还是罗马的"元老院"，甚至仅从"领主"一词的词源就足以看出老年人在过去多么受人尊敬。然而年长者越是频繁当选，选举的次数就越频繁，事情就越烦琐。于是阴谋开始酝酿，派别开始形成，党争变得激烈，内战开始吹响号角，最后，人民的生命成了所谓国家幸福的牺牲品，我们又陷入从前无政府的状态中。有野心的权贵们往往利用这种情况，将职权永远掌握在他们家族的手中。习惯了依赖、安宁与舒适生活的人民，已经无力挣脱枷锁，为了确保安宁，他们宁愿戴上更沉重的枷锁。地方官在世袭之后，逐渐习惯于将官位看成自己家族的财产，将自己视为国家的主人，尽管一开始他不过是一名小小的官吏。他们将同胞视为奴隶，将牲畜视为自己的财产，又自称与众神平等，是王中之王。

如果我们从这些不同的变革中观察不平等的发展，就会发现法律和私有财产权的形成是不平等的第一阶段，官职的设置是第二阶段，而合法权利转变为专制权力则是第三个阶段，也是最后一个阶段。第一阶段催生了贫富的差距，第二阶段造就了强弱的悬殊，第三阶段促成了主人和奴隶的对立。第三阶段的不平等是前两个阶段不平等持续发展的最终结果。这一阶段将一直持续，直到新的革命完全推翻政府或使其更接近合法制度为止。

为理解这种发展的必然性，与其去考察设立政治组织的动机，不如去探讨它在现实中采取的形式，及其建立后产生的缺陷。因为那些使社会制度成为必要存在的原因，同时也导致了这一制度被滥用。

我们暂且不谈斯巴达这唯一的例外，因为那里的法律主要涉及儿童的教育问题，并且来库古创建的道德标准使法律本身成为多余。一般而言，法律通常都不如情欲来得强烈，因而只能克制人类，却无法将之改变。不难证明，任何一个政府，如果严格遵守其建立的目的，谨慎防范变革和腐败，那么它就没有成立的必要。因为，对一个国家来说，如果没有任何人规避法律、滥用司法，那这个国家既不需要官员，也不需要法律。

政治上的差别必然导致人与人之间的差别，官员与民众之间不平等的扩大，势必导致人与人之间的不平等，并且因欲望、才能与境遇的不同而千差万别。官员们如果想要窃取非法权力，他不可能不去拉拢亲信，将一部分权力分给他们。同时，民众只有在盲目的野心驱使下才甘愿受人压迫。他们宁向下看，也不愿向上看，对他们来说，压迫别人比自由独立来得更重要，他们甘愿为奴，为的是反过来奴役别人。对于无心控制别人的人，是很难让他们屈服的，即使是最有智谋的政治家，也无法让一个追求自由的人屈服。然而不平等却能在野心和懦弱的灵魂中轻易扩散，这些人随时准备去碰碰运气，总是能审时度势，无论是统治别人还是侍奉别人，对他们来说，这二者几乎没有什么差别。于是，终有一天，人民已经被迷惑到这样的程度，以至于统治者对他们其中最卑微的一个人说："让你和你的族人都变得尊贵吧"，就能让他立即在所有人面前，也在自己的眼中，因为这句话，成为尊贵的人。并且当他的后代与他相隔的世代越是久远，便越显得尊贵；当尊贵的原因越是遥不可及、难以确定，产生的效果就越强；一个家族中游手好闲的人越多，这个家族就越显赫。

如果从此处探究细节，我能够轻易阐明，即使没有政府的干预，人与人之间也会不可避免地产生声望与权力的不平等。[注释十九]因为一旦结成社会，人们就被迫相互比较，并在不断地相互利用中被迫意识到人与人之间的各种差异。这些差异有许多种类，但整体而言在社会中最显著的有四种：财富、地位（或者等级）、权力以及个人品质。我可以证明，这四种因素的和谐或冲突，是一个国家组织得好与坏的最可靠的标志。在这四种不平等中，个人品质是其他所有不平等的起源，而所有不平等最后都必然归结到财富上去。因为财富直接指向人们的幸福，又最易于转移，人们可以用它来购买其余的一切。通过这一观察，我可以相当精确地判断出每个民族距离其最初制度的远近，以及他们走向极端腐败的途径。借助这一点，我可以解释那些追求名望、荣耀与特权的普遍欲望是如何激起人们的热情，让他们进行才能与力量的较量；又是如何刺激我们的欲望，在使所有人竞争、敌对或成为敌人的同时，让无数有野心的人每日在竞技场内角逐，从而引发无数的挫败、成功与灾难的。正是由于每个人都渴望别人颂扬自己，正是由于每个人都想要出人头地，才使得人类中间出现了优劣之分，产生了我们的道德与罪恶、科学与谬误、征服者与哲学家，也就是产生了为数不多的好事情与数量众多的坏事情。总之，我可以证明，我们之所以看到少数有钱有势的人位居权力和财富的顶端，而大多数人却在黑暗与苦难中苟延残喘，那是因为前者享受的东西正是后者被剥夺的东西，而且如果状态不变，一旦大多数人摆脱了悲惨的命运，享有财富和权力的人也将失去现有的幸福。

然而仅就上述观点进行详细的阐述，就足以写出一部巨著了。在其中，对比自然状态中的权利，我们可以权衡所有政府的利弊；在其中，我们可以将迄今为止出现的不平等的各种不同形态揭示出来，并根据政府的性质及随着时间的流逝必然出现的革命来推断在未来几个世纪里它可能出现的模样。到那时，我们会看到，人民大众为反抗国外压迫者而采取的一系列措施，最终压迫了他们自身；我们会看到压迫一直持续增加着，而被压迫者却不知道什么时候压迫才会终止，也无法找到终止这一压迫的合法途径；我们会看到，公民的权利和国家的自由在逐渐消失，而弱者的控诉、抗议和呼吁都被视为叛乱的怨言；我们会看到，政策将保卫国家的荣誉仅限于人民中的小部分受雇佣的官员；我们会看到，从此产生了征税的必要，悲惨的农民不堪苛捐杂税的压榨，即便在和平的年代，也会离开他们的土地，丢掉手中的犁具，佩戴刀剑，准备投入战斗；我们会看到各种致命且怪异的荣誉法从此诞生；我们会看到祖国曾经的捍卫者迟早变成祖国的敌人，将他们的利剑刺向同胞的胸膛；最终，这样一个时代将会来临，人们对他们的统治者说：

"如果你命令我把利剑刺入我父亲的胸膛，
刺入我怀孕妻子的腹中，
我将会执行你的命令，
尽管我的臂膀在反抗。"

从财富和地位的极端不平等中，以及各种欲望和才能、无用其至有害的艺术和毫无价值的科学中，诞生了无数的偏见，这些偏见都是与理性、幸福和道德背道而驰的。为了分化那些聚集起来的群众、削弱他们的势力，我们看到当权者会不遗余力地鼓吹各种说法，制造所有能引起分裂的争端，去维持社会和谐的假象，他们将各个阶层人民的利益和权力对立起来，使他们产生猜忌与怨恨，从而进一步巩固自己的统治。

在这些骚乱与变革中，专制政治逐渐抬起了它罪恶的头颅，贪婪地吞噬着它在国家各个地方发现的一切美好和健全的东西，将法律和民众践踏于脚下，最终在共和国的废墟中建立它的统治。在专制政治建立之前，必然有一个混乱和灾难的时期。但是最后，一切都被这一恶魔吞噬殆尽，人民从此不再有首领，也不再有法律，而只有暴君。也正是从这时候起，再也没有品行和道德可言，因为在所有被专制统治的地方，"谁也别指望从忠贞那儿得到什么"①。专制政治不允许有其他主人，当唯一的主人开口时，不需要征求他人的同意，盲目服从是奴隶们唯一奉行的美德。

这是不平等的最后一个阶段，是一个圆圈的封闭点，也是我们的出发点。在这里，所有的人回到了最初平等的地位，因为他们现在什么都不是。除了主人的意志之外，臣民没有任何

---

① 这是罗马历史学家塔西佗在其所著的《历史》中说的话。

法律，而他们的主人除了自己的欲望之外也没有任何约束，所有善的观念和正义的原则再次消失了。在这里，一切又回归到强者法则，因而也回到了一种新的自然状态。不过，这种自然状态与原先的自然状态不同，后者是纯洁的自然状态，而前者是过度堕落的结果。然而这两种状态在其他方面的差别是那么小，并且政府契约那么轻易地被专制政治破坏，以至于暴君只有在最强的时候才是国家的主人，一旦被驱逐，他连抱怨的资格都没有。以绞杀或推翻王位为结局的起义行动，与暴君任意处置臣民生命和财产的行为同样合法。经由暴力建立的政权，也会被暴力推翻，这就是决定所有事物发展的自然规律，而且无论这些短暂又频繁的革命带来何种后果，没有人有资格抱怨他人的不公，而只能怪自己不小心或不幸。

人类从自然状态到社会状态经历的那些道路已然被遗忘和丢失了，如果读者想发现和追溯这些道路，并根据我先前描述的那些中间过程，细心地重现了我因时间仓促而省略了的，或者因想象力不及而没想到的状态，他们一定会惊讶地发现，这两种状态之间的差距是多么巨大！正是在事物的这种缓慢更替中，他们可以找到那些就连哲学家们都不能解决的有关政治和伦理问题的答案。他们将感受到，不同时代的人是不同的，第欧根尼①之所以找不到人,是因为他在他的时代中寻找较早时代的人。他们就会明白,加图②之所以要与罗马及自由共存亡,是因为生错了时代,如果他在五百年前便掌握了统治权,这位伟大的人肯定会让世界震惊。总之,借助这样的分析,读者就可以理解人的精神和情感是如何在不知不觉中改变了他们的自然本性;为什么随着时间的流逝,我们的需求和爱好的对象最终发生了改变;为什么野蛮人会逐渐消失,而社会呈现在智者面前的,不过是一群虚假又充满造作情绪的人,这是新社会关系的产物,在自然界中没有任何真实的基础。我们对这个问题的思考,没有一样不是通过观察得到证实的。野蛮人与文明人在内心深处和行为倾向上是如此不同,以至于给文明人带来无比欢乐的东西,却使野蛮人陷入深深的绝望。野蛮人向往的是安宁和自由,他们只顾生活在休闲与自由之中,即使斯多

---

① 第欧根尼,古希腊哲学家,犬儒学派的代表人物。他的真实生平难以考据,但古代文献中留有大量关于他的传闻轶事。此处卢梭所谈的,是他在白天提着一盏灯,当别人问他提灯做什么的时候,他答道:"我在找人",讽刺当时社会上没有一个真正配得上"人"这一称呼的有德行的人。

② 这里指小加图,以区别他的曾祖父老加图。他是罗马共和国末期的政治家和演说家,坚定支持罗马共和制,强烈反对恺撒将罗马帝国化的企图,当恺撒违背元老院的意志,进军罗马时,坚决抵抗,战败后自杀身死。

葛学派的恬淡寡欲也比不上他们对身外一切事物的淡漠。而整日奔波、劳心劳力的文明人却为找到更加费力的工作而一生劳作，至死方休。他们甚至为了生存冒着死亡的危险，或者为了追求永生而放弃生命。他们奉承自己憎恨的权贵和自己鄙视的富人，不遗余力地去博得服侍他们的荣耀；他们厚颜无耻地夸耀自己的卑贱以及主人的保护，并以当奴隶为荣，同时轻蔑地谈论着那些无福享受这些荣誉的人。要是让加勒比人知道欧洲人向往艰辛的劳动，他们该多么惊讶啊！对于无拘无束的野蛮人而言，宁愿经历多次残酷的死亡，也不愿过这种生活，即使这种生活有施展抱负的乐趣，也很难让他们感到高兴。但是，为了让野蛮人理解如此劳累的目的，"权力"和"名誉"这些词必须在他们的脑海中有一定意义，他们还应该知道，有一些人把世界上其他人的看法看得很重要，他们的幸福和满足更多来源于别人的评价，而不是自己的感受。实际上，所有这些差异的根源在于，野蛮人只生活在他们自己的世界中，而文明人却活在他人的议论中，因此他们也只能在别人的评价中获得存在的理由。这里，我不打算探究，为何有那么多讨论道德的优秀文章，人们还是对善与恶漠不关心；也不打算探明为何一切事物都流于表面，变得虚假与不自然，甚至荣耀、友谊、德行以及罪恶本身都变成了夸耀的资本。总之，我不打算追问，为何我们总是问别人自己是什么，却从来不敢向自己提出这个问题；我们尽管身处如此多的哲学、人文、礼仪与高尚的道德箴言中，为何只能拥有迷人却无用的外表、缺乏德行的荣耀、没有智慧的理性，以及没有幸福的快乐。我不想去探究那些问题，我只想证明：这绝不是人类最初的状态，这是社会及其孕育的不平等精神改变和歪曲着我们所有的自然品性。

我致力于呈现不平等的起源和发展，以及政治社会的建立和滥用，并说明它们如何能够从人类的自然本性，经由理性的发展，逐步衍生而成，而不引用那些神圣的教义以及关于君权神授的学说。从我上面的论述中不难发现，在自然状态下，不平等几乎是不存在的。由于人类能力的发展和思想的进步，不平等才随着二者的发展而逐渐加深，最终在私有制和法律建立之后，将这种不平等合法化。同时，我们还可以发现：当精神层面的不平等与生理层面的不平等相抵触的时候，就出现了违背自然法则的现象。这种区别足以决定我们应该如何看待在所有文明国家普遍存在的那种不平等。因为无论如何定义，儿童指挥老人，愚人指挥智者，少数特权阶层大吃大喝，而饥饿的大众却缺乏最基本的生活必需品，这显然是违背自然法则的。

注释

[注释一] 据希罗多德①所述，在假冒的斯梅尔迪斯被杀之后，波斯的七位解放者聚集在一起，商议他们的国家应该采取哪一种政体形式。欧塔涅斯②极力主张共和制。这个想法从一个总督口中说出是非常令人惊奇的。姑且不论他本人对帝国的宣称为何，其他的王公大臣对这么一个强迫他们尊重人民大众

---

① 希罗多德，古希腊作家、历史学家。他把旅行中的所闻所见，以及第一波斯帝国的历史记录下来，著成《历史》一书，成为西方文学史上第一部完整流传下来的散文作品，希罗多德也因此被尊称为"历史之父"。
② 欧塔涅斯是最早提出"法律面前人人平等"的人。据希罗多德记载，当时欧塔涅斯在列举了前国王冈比西斯二世独裁统治的弊端时，曾说"人民统治的优点，首先在于它的美好的名声，而这美好的名声，那就是，在法律面前人人平等！"

的政府感到害怕。正如我们所料，欧塔涅斯的意见未被采纳。看到即将要选举君主，他既不想服从别人，也不想统治别人，便自愿将成为君主的机会让给了其他的竞争者。作为补偿，他只要求自己及其后代能够自由、独立地生活。最终，他的要求得到了满足。虽然希罗多德没有明确指出对这一特权的限制，但我们应该想到这种限制是必须存在的。否则，欧塔涅斯既无须服从任何法律，又无须对任何人负责，他在这个国家将拥有至高无上的权力，甚至超越国王。但是，在此情形下，一个能够满足这种特权的人，几乎不可能滥用这种特权。实际上我们也看到了，无论是贤明的欧塔涅斯还是他的后代，都没有利用这种特权在王国里造成任何纷乱。

[注释二]从写这篇论文起，我便充满信心，以哲学家们尊崇的权威学说作为依据之一，因为这些学说源自只有哲学家才能发现和感知到的坚实而崇高的理性。

"无论我们多么想要认识自我，我怀疑我们是否对不属于自我的东西了解得更多。自然赋予我们各种用来生存的器官，但我们却仅仅利用它们来接受外来的影响。我们只想向外扩展自己，并游离于自身之外。我们过度强调增加感官的功能和扩大我们存在的外部范围，却很少利用我们内心的感觉，但只有这种感觉才能让我们回归到真实的维度，将一切与我们无关的事物隔绝开来。如果我们想要了解自我，就必须运用这种感觉，只有透过它们，我们才能对自己做出判断。但是，我们怎么做才能运用这种能力，并充分发挥它的功能呢？我们又如何让寄托这种感觉的灵魂摆脱我们精神上的幻觉呢？我们早已失去了使用灵魂的习惯，它被束缚在身体感觉的喧嚣中，得不到应有的训练，被我们的热情之火燃烧殆尽。心灵、精神、感觉，一切都在和它作对。"

[注释三] 从长期直立行走给人体构造带来的变化来看，从人类的双手和四足动物的前腿之间的联系来看，从人和动物的行走方式来看，会使我们怀疑，对于人类而言，什么才是他们最自然的走路方式。幼儿一开始都是用四肢爬行，他们需要大人的示范和指导才能学着站起来。甚至有一些野蛮民族，例如霍屯督人，他们任由自己的孩子用双手爬行，以至于时间长了便很难纠正这种行为；安的列斯群岛上的加勒比儿童也是如此。事实上，用四肢行走的人类的例子还有很多，我以1344年在黑森发现的狼孩为例：这个孩子从小在狼群中长大，后来他在亨利国王的皇宫中说，如果任由他自己选择，他宁愿和狼群一起生活，也不愿与人共处。他已经习惯了像动物那样行走，以至于人们不得不在他身上绑上木块，才能迫使他直立起来，用双脚维持平衡。1694年，在立陶宛的森林中发现的那个与熊群生活在一起的孩子也有类似的情况。根据孔狄亚克先生的说法，这个孩子完全没有理性，用四肢行走，不会说话，

发出的声音一点儿也不像人类。在汉诺威发现的那个孩子，几年前被带到英国王宫时，想让他用两条腿走路，就费尽了各种心思。1719年，人们在比利牛斯山脉上发现了两个野人，他们像四足动物那样在山里奔跑。有人可能会提出反对意见，认为出现上述情况是人们对能提供如此多便利的双手舍弃不用的缘故。除了猴子的例子表明双手完全可以有两种用途，这一说法只能证明人类能够于天赋的用途之外，更便利地使用他们的四肢，却不能说，自然使人类按照它没有教过的方式行走。

但是我看来，似乎还存在更好的理由来支撑人是两足动物的观点。首先，即使有人向我们表明，人类最初不是这样，但随着时间的推移，他还是有可能变成现在这个样子，这不足以使我们得出人类就是这样演变过来的结论。因为在展示了这些转变的可能性之后，至少还需要证明它们的真实性。此外，尽管人类的双臂在必要时可以作为双腿使用，但这只是支撑这一观点的唯一现象，与之相反的现象还有很多。这些现象主要有：第一，人类的头部与身体的结合方式，使他们在直立行走时能保持水平的视线，但假如人类用四肢爬行，就不能像其他动物那样保持视线与地面水平，视线只能集中于地面，这种情况对于生存极为不利。第二，人没有尾巴，尾巴对于两足动物来说，没多大用处，但对于四足动物却很重要，没有哪一种四足动物是没有尾巴的。第三，女性乳房的位置刚好适合她们将孩子抱在怀里，但这一构造对四足动物极为不利，没有哪一种四足动物，乳房长在这个位置。第四，人类如果用四肢爬行的话，后腿相对前腿过高，这意味着爬行的时候必然会碰到膝盖，这对于一个动物而言是比例失调，爬行起来非常不便。第五，如果人类将手和脚摊开来，他的后腿应该比其他动物少一个关节，即连接股骨和胫骨的那个关节。如果只用脚尖着地，毫无疑问这种情况是被迫的，先不论跗骨必须由多少块骨头组成，就说这跗骨本身因为过于粗大，也无法代替其他四足动物的胫骨，而且在这种情况下，跗骨和胫骨之间过于接近，人类的腿也无法像四足动物那样灵活。前面所举的儿童的例子，也不能使我们得出什么结论，因为孩子的年龄太小了，自然发育尚未完成，肢体也未变得结实，所以不足以用来证明什么。如果这样，我同样也可以说：所有的狗都不会走路，因为它们在幼年期只会爬行。特殊案例不足以推翻人类的普遍实践。同样，那些和外界没有任何接触，因而也无法从别人那里模仿任何行为的民族也是这样。如果一个尚未学会行走的孩子被人遗弃在森林中，然后被某只野兽养大，这个孩子可能会依照养育者的行为，模仿它走路的方式。习惯可能会给予他一些能力，但这种能力绝不是来自自然。就像一个失去手臂的人，在长期的练习之下，最终可以用双脚完成常人以双手做出来的事情，那个被丢弃的孩子最后也会把手当成脚来使用。

[注释四]为了避免我的读者中有人对自然哲学知之甚少，针对地球拥有丰富资源的这一假设提出异议，我将用下面这一段话来回复他：

"由于植物从空气和水中获取的养分，要远远多于它们从土地中获取的养分，所以当植物腐烂时，它们还于大地的比从土地中汲取的更多。此外，森林能够通过拦截蒸汽，使之液化为雨水，然后形成江河。因此在那些人迹罕至，长期保持原貌的森林中，供植物生长的养分就会不断增加。但是，动物回馈给大地的养分比它从土地中汲取的要少，再加上人类大量消耗木材与其他植物用来生火及其他用途。这样一来，在那些有人居住的国家，土地中的养分被不断消耗，最终变得像阿拉伯半岛中部岩石地带和许多东方地区的土地那样贫瘠。事实上，东方地区是最早居住人的地方，今日却成为充满沙砾的盐碱地，因为植物和动物体内的盐分会保留下来，而其他部分都蒸发了。"

在这基础上，我还补充一些事实论据：近几个世纪发现的荒岛几乎长满了各式各样的树木和其他植物。而且历史告诉我们，随着居住环境的改善和居民的文明程度的提高，世界各地都需要砍伐大量的树木。对此，我必须补充以下三点：第一，如果存在某种植物，可以补偿动物对植物的消耗，那主要就是树木，因为植物的树梢与枝叶能够收集并吸收比其他植物更多的水分和蒸汽；第二，土壤的破坏，即适合植物生长的物质的流失，必然会随着土地的耕种以及居民的大量消耗而不断加剧；第三，也是最重要的一点，树木的果实能为动物提供比其他植物更丰富的营养。我曾做过类似的实验：将两块同等面积和质量的土地进行对比，其中一块地种栗树，而另一块地种小麦。

[注释五]在四足动物中，食肉动物有两个最普遍的特征：一个是牙齿的形状，另一个是肠子的构造。食草动物的牙齿多为扁平状，比如马、牛、羊、野兔；而食肉动物的牙齿都是尖的，比如猫、狗、狼、狐狸。至于肠子，食草动物拥有食肉动物没有的结肠。因此，鉴于人类的牙齿和肠道构造与食草动物类似，自然应该被归入食草动物这一类。不仅解剖学的观察结果证实了这一观点，而且在古希腊的文献中，我们也能找到相关的佐证。

圣杰罗姆①说："狄凯阿库斯②在他的《古希腊

---

① 圣杰罗姆是古代西方教会的圣经学者。他完成了圣经拉丁文译本，早期的拉丁教会尊他为四位西方教会圣师之一。
② 狄凯阿库斯，希腊学者，亚里士多德的学生。他写过一部重要的著作，名为《希腊生活》，是第一部从黄金时代到他那时止的希腊文化史，已佚失。

史》中提到，在农神统治下，当时的土地还很肥沃，没有一个人吃肉，所有人都以自然生长的水果和其他蔬菜为生。"

这一观点还可以在许多近代旅行家的记载中找到根据。其中，弗朗索瓦·科雷尔指出，被西班牙人迁移到古巴岛、圣多明哥岛以及其他地方的巴哈马群岛的居民们，大部分因食肉而死。由此可见，我还忽略了很多有利的证据。因仅从食肉动物为食物而争斗，而食草动物和平相处来看，若人类属于后者，显然他们将更容易在自然状态下生存，脱离自然状态的需求和机会也少得多。

［注释六］所有这些需要思考的知识，所有需要通过概念的积累才能获得并不断完善的知识，都完全超过了野蛮人的认知范围。因为他们缺乏与同伴沟通的能力，也就是说，既没有交流的必要工具，也没有必须交流的强烈需求。他们的认知与技能仅限于跳跃、奔跑、搏斗、扔石头、爬树。虽然他们只会做这些事情，但是做得比我们强得多，因为我们对这些技能的需求，远不如野蛮人来得强烈。而且，由于这些技能只需要身体的训练，不需要任何交流，从一个人传给另一个人也不需要有任何进步，所以在这些方面，最初的人可能和他最后的一代一样精通。

在旅行者的描述中，有大量关于野蛮部落的人们的体力和精力的例子，其中不乏对他们的敏捷和灵巧的赞美。只需睁大眼睛阅读这些事实，我没理由不相信这些记载的真实性。我将从我早前翻阅过的书籍中随意摘录一些例子：

科尔本说："霍屯督人相较于住在好望角的欧洲人更擅长捕鱼。无论是在海湾还是河流，他们使用渔网、鱼钩以及鱼叉的技术都是相当熟练的。他们在徒手抓鱼等方面也毫不逊色。他们同样擅长游泳，尤其是他们的泳姿，令人惊奇。他们游泳时，保持身体直立，双手摊开置于水面之上，就像是在地上行走一般，即使在大海波涛汹涌，海浪如排山倒海一般卷向他们的时候，他们仍像在浪尖上翩翩起舞，如同一块浮木上下起伏。"

作者还说："霍屯督人的狩猎技术出奇的娴熟，他们在跑步时表现出来的轻快超乎我们的想象。"作者甚至惊讶他们没有经常使用这些技能做坏事，但是偶尔也有例外。我们可以从下面的故事中看到这一点：一位荷兰水手在好望角靠岸时，雇用了一位霍屯督人，背负着重达20磅的卷烟，随他一同进城。当他们二人离部落还有一段距离的时候，霍屯督人问荷兰人会不会跑步。这位荷兰人就说："会呀，跑步可是我的强项！""好极了！那我们来试一试！"话音刚落，这位非洲人便随着烟卷一道消失得没了踪影。水手被这不可思议的速度惊呆了，甚至没想到去追赶，从此以后，他再也没见过他的卷烟和这位脚夫了。

"他们的视力如此灵敏，身手如此矫捷，以至于欧洲人在这些方面与他们相差甚远。在百步之内，他们可以用一块石头精准地击中如铜钱般大小的目标，更让人感到惊讶的是，他们不像我们用眼睛锁定目标，而是不断移动并扭动身体。那块石头就像是被一双看不见的手扔出去的。"

勒·杜泰尔特神父讲述的有关安的列斯群岛土著人的故事，也类似于我们刚才读到的有关好望角霍屯督人的故事。他特别称赞他们能够很精准地射中飞鸟与游鱼，以及他们会潜入水中抓鱼。北美洲的印第安人也以力量和灵巧闻名，下面这个故事可以帮助我们了解南美洲印第安人在这些方面表现出来的优势：

1746年，布宜诺斯艾利斯的一个印第安人被发配到西班牙加的斯去服苦役。他向总督提议，让他在公共节庆时冒生命危险以赎回他的自由。他承诺除一根绳索之外，将赤手空拳制服一头最凶猛的公牛，并在人们指定的部位捆上绳子，然后给它装上鞍，套上笼头，骑上它，再与另外两头从斗牛场放出的最凶猛的公牛搏斗，只要人们一声令下，他便能将它们一一杀死,整个过程不需要任何人的帮助。后来,总督同意了他的请求,印第安人也实现了他所有的承诺。关于他是如何做到的,以及战斗的所有细节,可参考戈蒂埃先生所著的《自然历史观察》第一卷的第 262 页。

[注释七] 布封先生[①]说:"马的寿命和其他种类动物一样,与它们的发育时间成正比。人的发育期为十四年,寿命是发育期的六七倍,也就是说,人可以活到九十岁至一百岁。而马的发育期是四年,寿命同样是发育期的六七倍,因此可以活二十五至三十岁。不符合这个规律的例子很少见,因此我们不能把它当作印象结论的例外。由于体型较大的马比体型较小的马所需发育的时间较短,因此它们的寿命也更短,十五岁就进入老年期了。"

[注释八] 我认为,在食肉动物和食草动物之间还有一种区别,这种区别比我在附录五中提及的要更为普遍,因为他将范围扩大到了鸟类。这种区别在于幼鸟的数量,食草动物每胎的数量一般不会超过两个,而在一般情况下,食肉动物都会超过这个数量。我们从乳头的数量不难猜出大自然在这方面的意图:每个雌性食草动物乳头的数量从不超过两个,比如母马、

---

① 布封,法国博物学家、作家。他的思想影响了之后两代的博物学家,包括达尔文和拉马克,更被誉为"18 世纪后半叶的博物学之父"。

母牛、母山羊、母鹿、母绵羊等；而其他雌性动物，如母狗、母猫、母狼、母虎等，乳头的数量总是六个或八个。母鸡、母鹅、母鸭以及鹰、雀鹰、猫头鹰等肉食性鸟类也会产卵，而且可以一次性孵化很多蛋。但这种情况永远不会发生在鸽子、斑鸠，或所有那些只吃谷物的飞禽中。造成这种差异的原因是：食草动物几乎一整天都在觅食，它们需要大量的时间来获取食物，以至于无法养育过多的后代。然而食肉动物可以很快填饱肚子，因此它们可以更容易且更频繁地往返于幼崽和猎物之间，并弥补大量乳汁的消耗。当然，关于这个问题，我还可以做很多其他的观察和思考。但是，我在这里点到为止，因为我只需要论证出大自然最普遍的体系就足够了。这一体系进一步印证了人类不属于食肉动物，而应被纳入食草动物的范畴。

[注释九] 一位著名作家分别列举人生中的幸福与痛苦，并将两者的数量进行了比较，最后发现人生中的痛苦远超过幸福，总的来说，他认为生命对人类而言是一份相当糟糕的礼物。我对他的结论并不感到惊讶，因为他所有的论证都基于人类文明的构造。如果他能追溯到自然状态，那么我可以预料到，他将会提出非常不同的结论。在他看来，人类的苦难基本上是自找的，而大自然并没有什么过错。他发现，人类沦落到如此地步，也不是一件轻松的事情。让我们想想，人类一方面取得这么多成就：如此高深的科学研究、如此多被创造的艺

术，如此多的力量被开发利用，还有那些被填平的沟壑、被削平的山峰、被敲碎的岩石、被疏通的河道、被开垦的土地、被凿出的湖泊、被风干的沼泽，以及地面上那拔地而起的建筑、大海上乘风破浪的船帆和水手；但在另一方面，当我们稍微想一想，这一切成就为人类带来哪些真正的好处时，我们就会为这两者的不成正比而感到震惊，为人类的盲目而感到悲哀。人类沉浸在自己偏执的骄傲和虚幻的自我欣赏中，热烈地追求一切可能受到的苦难，而这些苦难却是仁慈的自然尽力让人类规避的。

人类是邪恶的，长期以来那些令人悲哀的经验就是最好的证明。但是，人天生是善良的，我想我已经证明了这一点。那么除了人的本质发生了改变，他们后天取得的进步以及获取的知识外，还有什么使他们堕落到这种程度呢？无论你怎样讴歌人类社会，都改变不了这样一个事实，即人类社会必然会使人们因利益冲突而相互憎恨。人们表面上互帮互助，实则无所不用其极地自相残杀。我们该如何看待这样的人际关系？在人与人的交往中，个人理性支配的原则与公共理性向社会大众宣扬的原则相悖时，每个人都从他人的不幸中寻求自己的利益。或许没有一个富人不会遭到他贪婪继承者（通常是他的亲生子女）的默默诅咒；没有一次海难不对某个商人而言是大好的消息；没有一个恶毒的债务人不希望看到存放借条的房子发生火灾，连同借据一起被烧为灰烬；没有一个民族不庆幸它的邻族发生灾难。这样一来，我们每一个人在同伴的损失中获得利益，一个人的损失几乎就是另一个人的福气。然而，更危险的是公共灾难成为更多人的期望和希冀。有些人期待疾病，有些人期待死亡，有些人期待战争，有些人期待饥荒。我曾见过一些可恶的人，看到丰衣足食的景象，竟然痛哭流涕。伦敦大火夺走了无数不幸的人的生命，造成重大财产损失，却也为上万人带来了财富。我知道蒙田曾指责一位叫德马德斯的雅典人，因为他惩罚了一个通过高价出售灵柩赚取死人财产的工匠。蒙田给出的理由是，应惩罚所有人，而不只是那个工匠。很明显，他的理由与我的观点相符。因此，我们应当透过表面虚假的善意来了解内心深处的想法。让我们想想，在什么情况中，人们被迫相互示好，同时又相互摧毁？又是什么，让人们因为义务而变成敌人，因为利益而成为骗子？如果有人说，社会就是这样组成的，每个人通过为他人服务来获取利益。那么我会回答：这是很好的，假如他不损害他人，还能获得更多的利益的话。然而，没有哪一种合法获得的利益可以与非法所得的利益相提并论，对同类的损害总是比为他们服务更加有利可图。关键就在于找到确保自己安然无恙的方法。这也是强者动用所有武力，弱者使出一切诡计，希望能达成的目标。

野蛮人一旦填饱肚子，就会与大自然和平相处，和所有同类成为朋友。那他们不会偶然出现争食物的情况吗？会，但在没有打赢他人的胜算和比较到别处觅食的困难之前，他是不会轻易动手的。由于没有自尊心在作祟，他最多不过是挥上几拳便结束了战斗。胜利者大快朵颐，失败者到他处觅食，整个过程是平静和缓的。然而对于在社会中的人，这一切将非常不同。一开始，人类追求的是生活必需品的满足，继而演变为获得富余的物质，然后是巨额财富，再之后是拥有臣民，最后则是占有奴隶，社会中的人片刻也不肯放松。最奇怪的是，越不是自然的、迫切的需求，欲望反而越强烈，更糟糕的是，满足这些欲望的权力就越强大。因此，在长期兴盛之后，在耗尽无数财富以及毁灭了无数人之后，我的英雄终于要扼杀一切，直到成为全宇宙唯一的主宰。这就是人类道德的缩影，即便不是人类生活的缩影，至少也是所有文明人内心深处的隐秘企图。

请不带偏见地对比文明人与野蛮人的生活状态，如果可以的话，请研究一下，文明人除了拥有邪恶、需求、苦难之外，如何向痛苦和死亡敞开了新的大门。如果你们考虑到，精神的痛苦使我们心力交瘁，强烈的欲望使我们疲惫而忧伤，穷人不堪重负的过度劳作以及富人沉湎其中的奢靡生活，使前者因需求而亡，后者因纵欲而死；如果你们想到各种食物的奇异混合、有毒的调味料、腐坏的食材、掺假的药物、卖假药商人的欺诈、医生处方的谬误以及配制药剂所用的各种有毒的器皿；

如果你们注意到人群聚集造成空气不流通而导致的流行病，由于生活方式过于考究、室内室外温度的悬殊、增减衣服过于随意，以及我们过度追求的享受变成了必要的习惯，一旦稍有疏忽或不能满足这些需求时，将造成生命或健康的损失；如果你们计算过毁灭多少城市、造成成千上万人丧生的火灾和地震……总而言之，如果你们合计出所有这些原因持续导致的生命危险，那么你们将可以理解，我们忽视大自然而付出的代价是多么惨重。

在此，我不再重复我在他处讨论过的战争，但我希望那些知情者愿意并敢于向公众披露，军粮与医疗器材的供应商在军营中造成的恐怖细节。这样我们就会看到，他们干的那些勾当（这几乎是公开的秘密）会使最强大的军队瞬间失去战斗力，这对士兵的残害程度甚至超过了敌人锐利的武器。每年因饥饿、坏血病、海盗和海难而葬身大海的人数，如果加以统计的话，也同样令人震惊。很明显，谋杀、投毒、拦路抢劫，以及对这些行为的惩罚，都应当归咎于私有制的建立，当然也归咎于社会本身。为了防止更大的伤害，惩罚固然是必要的，但是因为一个人遭杀害，却使两个或更多人丧命，实际上不过是加倍了人类的损失。此外，还有多少妨碍生育、欺骗自然的可耻行为呢？这些行为是侮辱大自然最迷人作品的残忍堕落的嗜好，这种嗜好不为野蛮人和动物所知，诞生于文明社会中人的堕落的想象。或是秘密的堕胎，这是私下纵欲和道德败坏的必然产物；或是溺婴或弃婴，这些孩子都是父母贫穷或母亲残忍羞愧下的牺牲品；最后是对那些不幸之人的阉割，他们的一部分生命和整个后代都化为虚无，或者更糟糕的是，为某些人残酷的嫉妒心而牺牲。在后一种情况下，无论是受害者本身的遭遇，还是他们被利用的目的，都是对自然的双重侮辱。然而，有很多凭借父权违反人道的行为，难道不是更普遍且更危险的事情吗？有多少人本可以在自己擅长的领域有所成就、实现价值，却被迫在他们完全不感兴趣的地方碌碌无为，悲惨而屈辱地过完一生！有多少幸福但不门当户对的婚姻，遭受干扰或强迫分离的命运；有多少贞洁的妇女失去了可贵的贞操！又有多少因利益而非爱情和理智结合的畸形婚姻！还有多少忠诚有品德的父母，却因错配了婚姻而相互折磨！甚至还有多少不幸的年轻人，因父母的贪婪被迫接受除金钱之外没有任何个人意愿的婚姻，每日沉溺于放荡的生活中，在泪水与叹息中过着悲惨的日子。如果他们中有人，在野蛮的暴力将他们逼入罪恶或绝望的深渊之前，凭借自己的勇气与德行从这种生活解脱出来，那么这个人该多么幸福啊！请原谅我，永远可怜的父亲和母亲，我又勾起了你们痛苦的往事，但愿它们能成为永久和可怕的警示，告诫所有以自然的名义侵犯自然最神圣权利的人。

尽管我在这里讨论的都是文明社会中出现的失败婚姻，但这并不意味着我们可以就此认为，那些由爱情和同情心主导的婚姻就没有任何缺陷。假如我再指出，人类的根源本身已经遭到侵蚀，这种侵蚀一直延伸到所有关系中最神圣的婚姻关系，在这种关系中，人们只有在咨询了财产情况之后才敢听从本性，而由于社会关系的紊乱，模糊了道德和罪恶的界限，压制欲望成了预防犯罪的方式，甚至节制生育都成为符合人道的行为。然而，我无须将人类丑恶的面纱一一揭开，我们只需将人类的"恶"指出来，以便他人采取补救的措施。

除此之外，还存在大量缩短人们的寿命、损害身体健康的职业，比如煤矿、金属、矿石的冶炼，尤其是铅、汞、钴、砷、雄黄的炼制。此外，还有一些高危职业，每天都会夺去很多工人的性命，比如瓦匠、木工、水泥工、采石工。如果将所有因素结合起来，我们便可以在社会的建立和完善的过程中看到人口数量不断减少的原因，这种现象曾不止被一个哲学家发现。

对那些贪图个人享受和渴望别人尊重的人来说，奢侈是必不可少的，然而这很快就凸显了社会中"恶"。在养活穷人的借口下，富人的奢侈让其他所有人都陷入了贫困，并迟早导致全国人口的锐减。

这一治愈"恶"的良方却比"恶"本身更加糟糕，或者更确切地说，它才是万恶之源。不论是大国还是小国，为了供养大量的仆从和穷苦的人，农民和市民都被压榨得破了产。奢侈就像南方炎热的风，夹带着大批嗜食的昆虫，在青草和大地上，夺取有益动物赖以生存的食物，在它所到之处，无不发生饥荒和死亡。

从社会和由社会产生的奢侈中，诞生了自由和机械艺术、商业、文学以及所有能促进工业繁荣、造就国家兴衰的无用之物。我们很容易就能看出，农业就其性质而言，很明显是所有技艺中最不赚钱的，因为它生产的是所有人最不可或缺的必需品，这种产品的价格必须与最贫穷者的购买能力相符。根据同样的原理，我们可以得出以下规律：一般来说，一项技艺的利润与其实用性成反比，最必需的技艺往往最容易被忽视。由此，我们可以对工业的真正利益以及工业进步带来的实际效应做出判断。

这就是最令人羡慕的国家从富足突然跌落到贫困的不可忽视的原因。随着工业与艺术的发展和繁荣，受蔑视的农民背负着奢侈生活所需的赋税，注定要在劳动和饥饿中度过一生。最终，他们被迫离开土地，来到大城市另谋生计。当愚昧的人越是钦羡大城市的美好，我们便越会为了这些场景而悲叹不已：乡村被荒废、土地变得荒芜、大街上充斥着沦为乞丐或小偷的可怜人，这些人注定要在绞刑架上或贫困中结束他们的生命。国家以这样的方式一方面变得富裕，而另一方面却逐渐衰落，人口减少。即使是最强大的君主制国家，在费尽心思变得富裕之后，最终也会沦为那些遏制不住侵略野心的弱小国家的猎物。

我希望有人能告诉我们，那些在几个世纪内不断蹂躏欧洲、亚洲和非洲的无数蛮族是如何产生的？他们能拥有如此庞大的人口，是因为他们艺术的精湛、法律的明智和典章制度的完善吗？但愿我们的智者能告诉我们，那些野蛮粗暴、没有理性、没有约束、没有受过教育的人，为什么不但没有为争夺食物和猎物而互相残杀，反而还繁衍到这种程度呢？希望学者可以解释一下，为什么我们口中悲惨的人，竟敢用目光直视像我们这样拥有严明的军纪、完备的法典和明智的法律的人？最后，请解释一下，为什么自从北方那些国家的社会制度日趋完善之后，自从人们费尽心力教会人类相互间的义务和和平、和睦相处的生活艺术之后，我们反而再也看不到原先大量繁衍的人口呢？我担心有人最后会说：这些伟大的成就，例如艺术、科学、法律，都是人类以极大智慧发明出来的，它们就像是一场有益的瘟疫，用来防止人类过度繁衍，以免我们存在的世界变得过于拥挤。

那怎么办呢？难道要我们毁灭社会，取消财产所有权，然后再回到森林与熊共处吗？这是我的反对者可能得出的结论，我宁愿自己先说出来，免得让你们到时自取其辱。哦！你们没有听到上天的声音，认为人类在安然度过一生之外，不会有其他目标。你们大可将致命的财产、忧虑的情绪、堕落的心灵和无节制的欲望，全部留在城市之中，重新拾起你们那份古老而原始的纯真，因为它属于你们；选择到森林里去吧，忘掉眼前所见以及你们的同胞犯下的罪行，不要害怕贬低你的同类，在放弃他们智慧的同时，你们也摆脱了他们的罪恶。至于像我这样已经被欲望永远地摧毁了最原始的淳朴的人，再也无法依赖青草和橡子为生，也不能成为没有法律和首领的人；那些从他们的始祖起，就领受了超自然教导的人，还有那些在首先赋予人类行为长期以来都不曾获得的道德性的意图中，看到一种箴言①本身不偏不倚，但在其他任何体系中却无法解释的道理的人。总之，就是那些确信神意会引导人类走向理性和智慧的人，所有这些人，都努力通过实践美德来学习与理解美德，致力于赢得他们期待的永恒奖励。作为社会中的成员，他们会尊重其中各种神圣的关系；他们关爱同类，并全心全意为他人服务；他们将虔诚地遵守法律，服从法律的制定者和执行者；他们尤其尊重那些善良而贤明的君主，因为这些君主能够预防、

---

① 根据卢梭研究专家斯塔罗宾斯基的注释，卢梭在这里谈到的箴言是《圣经·创世纪》中上帝禁止人类使用"分辨善恶之树"的果子的禁令。

治疗以及减轻我们时时刻刻都可能遭受的虐待和痛苦；他们将激发那些值得尊敬的首领的热情，不卑不亢地指出他们工作的重要性和职责的艰巨性；但是，对于这样一个依靠如此多可敬之人的帮助才能维持的制度（事实上，这样的人往往是求之不得的），对于这样一个实际上产生的灾难总是比表面上获得的利益更多的制度，我们仍会加以轻视。

[注释十]无论是透过我们自己的观察，还是历史学家和旅行家的记载，在我们了解到的人类中，有些人是黑皮肤，有些人是白皮肤，有些人是红棕色皮肤；有些人留着长发，有些人只有卷曲的短发，有的人几乎全身长满毛发，有些人甚至没有胡须。曾经存在过而且现在可能依然存在一些身材高大的民族。我们暂且不提那些矮人族，因为他们可能只是夸大的传说。不过我们也知道拉普兰人，尤其是格陵兰人的身高都远低于正常人类的平均水平。有人甚至声称有些民族的人都长着像四足动物一样的尾巴。虽然我们不会盲目相信希罗多德或克特西亚斯[①]的记述，但我们至少可以从中得出这样一个合理的观点：各个民族在古代遵循的生活方式与现在截然不同，如果我们就这方面做一些确切的观察，便可以在外形和生活习惯方面

---

① 克特西亚斯，前5世纪尼多斯人，亚达薛西二世御医，历史学家，其最主要的著作是《波斯史》与《印度史》。

注意到更惊人的差异。这些既容易取得，又无可辩驳的事实，只会让某些人感到震惊，因为他们只习惯于观察周遭的事物，忽视了气候、空气、食物、生活方式以及一般习惯对人产生的强大影响力。他们尤其不知道，当这些相同的原因在世世代代中持续不断地发生作用时，会产生多么惊人的力量。如今，贸易、旅行和战争使各个民族越来越接近，通过频繁的交流，他们的生活方式也越来越接近。我们发现某些民族之间的差异逐渐在缩小。例如，今日的法国人已经不再如拉丁历史学家描述的那样拥有白皙的皮肤、金色的头发和高大的身躯。千百种原因能够而且已经造成了人类之间出现这样的变异，所有有关这些变异的发现都促使我怀疑，那些被旅行家认为是野兽的、与人类似的动物，是否真的是野蛮人呢？旅行家或是因为在外形上观察到一些差异（其实没有深入研究），或是因为它们不说话，便把它们当作野兽。其实这些野蛮人自古就散居在山林中，没有机会发展任何潜能，也没有获得任何程度的完善，因此一直处于原始的自然状态。为支持我的观点，大家请看这样一个例子。

《旅行史》的译者曾说：

> 在刚果王国中，人们看到在东印度群岛称之为猩猩的大型动物，它们是一种介于人类与狒狒的动物。据巴特尔所说，有人在卢安哥王国的马永巴见

到两种怪物。其中，体形较大的一种被称作"庞戈"，另一种体形较小的被称为"恩乔克"。前者与人类似，但体格较健硕，身材也较高。它们具有和人相似的面孔，双眼深陷在眼眶之中。它们除有很长的眉毛之外，手、脸颊和耳朵均无毛，虽然它们身体的其他部分都被毛发覆盖，但不甚浓密，并呈现棕褐色。最后一点，它们与人最大的区别是腿部：它们没有小腿。它们抓着颈部的毛，直立行走，栖息在森林里，睡在树上，还懂得建造一种遮风避雨的屋顶。它们以水果和坚果为食，从不吃肉。路过森林的黑人习惯在夜间生火，他们注意到，当第二天早上动身出发时，那些"庞戈"会聚集到火堆旁，等火熄灭了才离开。尽管它们身手敏捷，但智慧不够，不知道加块木柴就可以让火堆不熄灭。

有时，它们成群结队，杀害穿过森林的黑人。有时候，它们面对入侵的大象，会以拳头或木棍攻击它们，直到这些大象落荒而逃，发出阵阵哀号。从来没有人活捉过"庞戈"，因为它们十分强壮，就算十个人也无法将它们制服。但是，黑人曾在猎杀母"庞戈"后，捕获过一些依偎在母亲身旁的幼崽。当一只"庞戈"死了，其他的"庞戈"会用树叶将尸体盖住。普查斯在与巴特尔的对话中，提到曾经有一只"庞戈"抓走了一个黑人小孩，那个黑人小孩与这些"庞戈"一起生活了一个月，只要不盯着它们看，这些动物不会伤害抓到的人，这是黑人小孩亲眼观察到的。至于第二种动物"恩乔克"，巴特尔没有加以描述。

达佩尔进一步证实，这种在印度被称为猩猩的动物在刚果王国里到处都是，这个名字的含义是"森林中的居民"，非洲人称之为"果亚斯—莫罗斯"。他说，这种动物与人相似程度之高，让许多旅行家认为它们可能是女人和猴子的后代。这种无稽之谈，连黑人也不会相信。有人曾经把一只猩猩从刚果运到荷兰，献给当时的国王弗雷德里克·亨利。这只猩猩的身高大约是三岁小孩的高度，胖瘦适中，身体结实，比例匀称，特别灵敏好动。它的腿粗壮有力，胸前没有毛发，而脊背则长满了黑毛。乍一看，它的脸很像人类，但鼻子却长得扁平弯曲，耳朵也似人类。因为是雌性，所以它的胸部隆起，肚脐深陷，肩膀厚实。它的拇指和其他几个手指分开，小腿与脚跟皮厚肉多。它经常用双腿直立行走，能够举起和搬运相当重的东西。当它想喝水时，能一手举起水瓶倒水,还会以另一手托住瓶底,喝完后会慢慢地擦一下嘴。它可以躺下睡觉,头靠在垫子上,盖着被子,灵巧得让人误以为是一个人躺在床上。黑人写了很多有关这个动物的奇怪传说,说它们不仅敢追赶妇女和少女,也敢攻击持有武器的男人。总而言之,有很多证据表明它们可能就是古代的半人半兽。梅罗拉在记录非洲人捕猎时,偶尔会捕获一些雌性或雄性野人,指的可能就是这种动物。

《旅行史》的第三卷中也提到这种与人类相似的动物,它们被称为"贝格斯"和"曼德利尔"。但是,根据上述记载,我们发现它们与人类的相似程度之高令人惊异,而且它们与人类之间的差异甚至比人与人之间的差异还要小。我们看不出为什么在这些记载中作者不愿将这些动物称为野蛮人,但很容易猜测这可能是由于它们愚蠢且无法言语。这些理由,对于那些知道人类拥有发声器官但语言本身并非与生俱来的人来说,对于知道完善语言能力可以将人类的文明水平提高到原始状态之上的人来说,并不具有说服力。从这些简短描述中,我们发现,人们对这些动物的观察是多么不准确,而且还充满了偏见。比如它们被称作怪物,但人们却又强调它们具有生殖能力。巴特尔在某个章节说,"庞戈"会杀害穿过森林的人。但是在另一段记述中，普查斯却又说，它们不会对抓到的黑人造成伤害，除非黑人一直盯着它们看。"庞戈"聚集在黑人离去后遗留的火堆旁，等火熄灭了再离去，这是他陈述的事实，而在观察家的注解里则这样说："尽管它们身手敏捷，但智慧不够，不知道加块木柴就可以让火堆不熄灭。"我想知道巴尔特或编纂者普查斯，是如何知道"庞戈"离开是由于它们的愚蠢，而不是出于自己的意愿呢？在卢安哥王国这样的气候条件下，动物是不太需要火的，黑人生火与其说是为了取暖，不如说是为了吓跑凶猛的野兽。所以"庞戈"的行为不难理解，它们在享受了一会儿火焰或让自己暖和一点后，会觉得待在同一地方很无聊，于是就起身觅食。我们知道它们非食肉动物，所以觅食对它们而言，需要花费更多时间。此外，我们也知道绝大多数动物，包括人类在内，天生都是懒惰的，从来不会为任何不必要的东西费心。那些被称赞为灵巧且强壮的"庞戈"，既知道埋葬死者，还会用树枝搭建屋顶，却不知道往火里添加木柴，这难道不是一件奇怪的事吗？我记得曾见过猴子往火里扔木柴，就连猴子都会做的事情，人们却说"庞戈"做不到。当时，我没有想到这一点，我自己也犯了同旅行家一样的错误，因为我当时并没有考究猴子的意图到底是为了保留火种，还是单纯地模仿人类的行为。不管怎么说，猴子显然不属于人类，这不仅因为它们不会说话，更重要的是，它们不像人类那样，具备自我完善的能力。但是，对于"庞戈"和猩猩，我们做的实验还不够仔细，不足以得出同样的结论。不过，如果猩猩或其他动物真的属于人类物种，那么即使是最粗心的观察者，也可以通过实证的方法确定这一点。但仅有一代人是不足以完成这个实验的。除此之外，这个实验也被认为是不可行的，因为在确认一个事实之前，必须对假定的东西加以证实，这个实验才不至于受人非难。

贸然的判断，绝不是成熟理性的结果，往往会使人走向极端。我们的旅行者毫不客气地将这些野兽们称为"庞戈""狒狒""猩猩"，而古人则赋予它们神的特性，称它们为"半人半兽神""农牧之神""森林之神"。或许，在更缜密的研究下，我们将发现它们既不是野兽，也不是神灵，而是人类。然而，在此之前，我认为我们可以相信梅罗拉这位学识渊博的传教士，作为一位目睹者所做的记载。他虽然朴实，但仍不乏才智。我们既然可以相信商人巴特尔，或达佩尔、普查斯及其他编撰人，也同样有理由相信梅罗拉。

对于我在前文中提到的那个于1694年被发现的孩子，这些观察家又会做出怎样的判断呢？这个孩子没有任何理性的迹象，以四肢行走，不会说话，发出的声音与人类完全不同。根据告知我此事的哲学家说："过了很长一段时间，他才会开口说几句话，而且说话的方式非常粗野。他一学会说话，就有人问他最初的情况，但他一点也记不起来，就像我们记不起在摇篮里发生的事情。如果这个孩子不幸落到了我们的旅行者手里，毫无疑问，在发现他沉默与愚笨之后，他们肯定会将他送回森林或关在兽笼里，然后他们会用大量笔墨在游记中渲染这件事情，将他形容成一个奇怪的和人相似的野兽。

三四百年以来，欧洲人的足迹遍布世界各地，他们不断发表旅游札记和叙述。我敢讲，我们从这些游记中了解的人类，不过是欧洲人自己。即使在那些文学家中，还存在着许多荒谬的偏见。每一个研究者在做所谓的人类研究时，其研究对象不过是本国人民。个人的来来往往不过是徒劳无功，哲学似乎不会旅行，一个民族的哲学似乎并不适合另一个民族。原因很明显，至少在遥远的地方是如此，即只有四种人会长途旅行：水手、商人、士兵和传教士。然而，我们无法指望前面三类人会展开细致的观察，至于第四类人，他们身上肩负着神圣的使命，就算他们没有像其他人那样具有身份的偏见，我们也可断定，他们不太愿意从事纯粹出于好奇心的研究工作，这会分散他们的注意力，影响他们完成更重要的任务。此外，要成功地传播福音，仅有虔诚就足够了，其余的都是上帝赐予的。但研究人类，这就需要天赋，但上帝并没有赐予每个人这方面的天赋，就连那些圣人也不一定拥有。无论我们翻开哪一本游记，都能看到关于人类、风俗的描述。令人惊讶的是，写这些游记的人，尽管描述了那么多事物，但说的却是尽人皆知的事。即使他们远赴世界的另一端，看到的也只是那些无须离开自己居住的街道便能觉察的事情。至于真正能区分各个民族的特征，并让每个目睹之人都为之震撼的东西，他们却总是视而不见。于是就出现了那句经常被迂腐的哲学家重复的伦理格言："人在任何地方都是一样的，他们有着相同的欲望和恶习，因此寻觅不同人之间的特征是毫无意义的。"这就如同说，因为他们都长着一个鼻子、一张嘴和一双眼睛，所以无法区分谁是皮埃尔，谁是雅各。

难道我们再也看不到那些美好时代重新出现了吗？在那时，各个民族虽还没有参与到哲学探讨中来，但是像柏拉图、泰勒斯和毕达哥拉斯那样的人却怀着对知识的渴望，为了研究学问而远走他乡。他们到访地球最遥远的地方，只为了摆脱民族偏见的枷锁，学会从相似性和差异性出发来了解人类，从而获得那些不只是在某个世纪或某个国家有效，而是古今中外都适用的普遍知识，也可以说是所有智者都应具备的学问。

我们钦佩某些人的壮举，他们在好奇心的驱使下，曾斥巨资让自己或他人，带着学者或画家一起到东方旅行，为了亲手画出那儿的遗迹，解读抄写当地的文字。可是，令我无法想象的是，为什么在一个人人以知识渊博为荣的时代里，我们却找不到两个志同道合的人，一个有钱，另一个有才，都爱惜荣誉，并追求不朽的生命。只要其中一个人愿意拿出两万银币，另一个人愿意牺牲十年时间，便可以实现一场纯粹为研究而展开的光荣之旅。这样的旅行，不只是研究各式各样的石头和植物，而是考察各地的风土人情。在别人花那么多的时间测量和考察房屋之后，他们终于想去认识一下房屋的居住者了。

　　游历过欧洲北部和美洲南部的科学院院士们，他们多半是以几何学家的身份而不是以哲学家的身份出行的。由于他们既是几何学家，同时又是哲学家，因此拉孔达明[①]以及莫佩尔蒂[②]观察与记载的地区，我们不能视作完全未知。珠宝商沙尔旦曾像柏拉图那样游历波斯，并提供了一份详尽的叙述。耶稣会传教士们对中国的观察十分细致。荷兰旅行者坎普弗尔在日本的见闻虽然少，但也让我们对这个国家有了大致的概念。除这些记载之外，我们对东印度民族几乎一无所知，尽管时常有欧洲人前往此地，但比起增长见识，他们更热衷于用钱来填满他们的口袋。整个非洲大陆，它那众多的人口及独特的风俗和

---

① 拉孔达明，法国地理学家，法国科学院院士。他一生中最主要的活动，是对南美洲的探险，其目的在于确定地球的形状，从实际测量中证实了牛顿关于地球是扁椭球体，赤道地区鼓起来，两极地区是扁平的推论。

② 莫佩尔蒂，法国数学家、物理学家、哲学家。他是最先确定地球形状为近扁球形的科学家。

肤色，这些都有待我们考察。整个地球还有很多只知其名的国家，但我们居然妄想对整个人类做出判断。假设孟德斯鸠、布封、狄德罗、杜克洛、达朗贝尔、孔狄亚克或类似的人，为了向他们的同胞提供更多的知识而周游世界，以他们擅长的方式观察并记录他们的所见所闻：土耳其、埃及、柏柏里①、摩洛哥帝国、几内亚、卡菲尔地区、非洲内陆及东海岸、马拉巴尔、蒙古、恒河两岸、暹罗王国、勃固王国和阿瓦王国、中国、鞑靼，尤其是日本；然后是另一个半球上的墨西哥、秘鲁、智利、麦哲伦海峡两岸，还有巴塔哥尼亚（无论它是真是假）、图库曼、巴拉圭（如果可能的话）、巴西；最后还有加勒比海、佛罗里达州以及所有的荒野地区，这是所有旅行中最重要的部分，也是最需要小心谨慎的部分。假设这些行走四方的旅行家们，从这段难忘的旅行回来后，闲暇时根据他们的所见所闻撰写一部自然、道德和政治史。从他们的笔下，我们将会看到一个新世界诞生，还可以从他们的描述中，学会认识我们自己的世界。我认为，当这些观察者确认某种动物是人类，另一种动物是兽类时，我们应该相信他们。但是，对于那些未经仔细观察就妄下论断的旅行家，我们还需保持怀疑的态度。我们可以质问他们在研究其他动物时遇见的问题。

---

① 北非的旧称。

[注释十一]对我而言,这是显而易见的,我不知道我们的哲学家认为自然人类拥有的那些情绪来自哪里?除了大自然本身所要求的最基本的生理需要之外,我们所有其他的需要都只是习惯的结果,而在养成这一习惯之前,它们都不是必需的。它们可能源于我们的欲望,但人类只能对他们了解的事物产生欲望。由此可见,野蛮人只需要他们已经认识的东西,只了解他们有能力掌控或容易得到的事物,因此没有什么人比他们的心灵更平静,比他们的思想更有局限性了。

[注释十二]我在洛克的《政府论》中读到一种不同的说法。这种说法似乎太牵强了,让我无法做到对其视而不见。洛克说:

> 男女结合的目的,不仅是为了生育下一代,也是为了物种的延续。因此,即使在生育之后,这种关系也应该维持一段时间,目的是为幼儿寻觅食物和提供保护。孩子需要父母的支持,直到他们有能力满足自己的生活需求为止。拥有无限智慧的造物主制定的这个规则,一样为比人类低等的生物所遵守。在那些以草为食的胎生动物中,雌性和雄性的关系仅持续到每一次交配结束,因为雌性动物的奶水足以哺育幼崽,直到它们能够觅食之前,而雄性只负责交配,在抚育幼崽方面没有任何贡献。但是

对于食肉动物而言，这个关系持续的时间会更长，因为雌性动物无法通过独自狩猎满足自身和幼崽的生存所需，再加上这种以捕获猎物维持生存的方法，与食草动物相比要困难得多，也危险得多。因此，雄性动物的帮助，对于维持它们的家庭（如果可以用"家庭"这个名词）是必要的。在每个成员可以单独觅食之前，只能依靠雄性和雌性的共同照料，这个家庭才能生存下去。我们发现，鸟类也有相同的情况（家禽除外，因为它们有充足的食物，雄性可以不用喂养和照顾幼雏），当鸟巢中的幼鸟需要食物时，雌鸟或者雄鸟就会将食物带回去，直到小鸟能够飞行与觅食。

在我看来，人类比其他动物保持更长久的结合关系，其主要原因在于，女性不但能够怀孕，而且通常在前一个孩子能够离开父母的帮助，自力更生之前的很长一段时间内，就已经能够再生小孩了。这样一来，父亲就不得不养育他的孩子，而且要照顾很长一段时间，在此期间与孩子的母亲作为配偶共同生活。所以，这段关系持续的时间要比其他动物更长。对其他动物来讲，它们的幼崽在下一轮繁殖之前，就已经可以独自生存了，雄性和雌性的联系因此中断，它们又会回到完全自由的状态，直到交配的季节再次来临，迫使他们再一次寻找伴侣。在这一点上，我们不得不赞叹造物者的智慧，它赋予人类独特的能力，使他们既能够规划未来，同时又可以满足当前的需求。它促使男性和女性的结合时间远远超过其他生物中的雄性与雌性；如此，可以激励男性和女性勤苦劳作，使他们的利益结合得更紧密，以便共同抚养子女，为子女积攒钱财。因为，对子女而言，没有什么比不稳定和暧昧的结合，以及轻易频繁的离异更有害的了。

对真理的热爱促使我将洛克的这种不同的说法如实地陈述出来，又使我禁不住想在此基础上做出几条评论，就算无法解决问题，但至少可以让问题变得更加清楚。

1. 首先，我必须指出，精神方面的证据在物质方面并不具备太大的说服力。它们更多是用来解释已经存在的事实，但不能证明这些事物真实存在。然而，在我刚才引用的段落中，洛克先生使用的正是这类证据。虽然男女之间长期稳定的结合对人类物种更有利，但这并不意味着这是大自然的本意。否则，我们还可以说文明社会、艺术、商业以及所有对人类而言有用的事物都是自然创造的。

2. 我不知道洛克先生从哪里得知，食肉动物的雌性与雄性的结合时间远远超过食草动物，而且雄性还帮助雌性哺育幼崽。因为我并没有看到狗、猫、熊或狼在认定配偶上，会比马、羊、鹿或其他动物更好。相反，食草动物更需要雌性动物的帮助才能喂养和保护幼崽，因为母亲需要更多的时间觅食，在这段时间内，它们就没有办法照顾幼崽。而母熊和母狼可以在一瞬间吞食它们的猎物，因此它们就有更多时间来哺育幼崽，而不会遭受饥饿之苦。只要观察乳房数目和孩子数量，就可以证实我的推论，这也是区分食肉动物和食草动物的重要标准。我在注释八中提到了这一点。如果这个观察是正确且具有普遍性的话，那么女人只有两个乳房，而且一次基本只生育一个孩子，这就为怀疑人类是否天生食肉提供了更多的理由。因此，要得出洛克先生的结论，似乎必须完全颠倒他的论点。他对鸟类的区分也没有什么说服力，因为谁能相信秃鹫和乌鸦的雌雄结合比斑鸠更持久呢？我们有两种家禽，鸭子和鸽子，它们为我们提供了与洛克想法相反的例子。鸽子只以谷物为食，它与配偶一起共同哺育幼鸽；而鸭子的贪食是出了名的，它既不关心自己的幼雏，也不关心它们的母亲，对它们的生存不负任何责任。此外，鸡基本上也是肉食动物，但公鸡对刚孵出的小鸡也没有表现出任何关心。如果说在其他物种中，雄鸟与雌鸟共同承担着喂养幼鸟的责任，那是因为幼鸟一开始不会飞，雌鸟又不能哺乳，它们比四足动物更离不开父亲的帮助，雌性的四足动物至少还有乳水可以坚持一段时间。

3. 洛克先生论证的基础，还存在很多不确定性。因为要知道在纯粹的自然状态下，女性是否真的像他说的那样，在孩子还无法独立生活的情况下，会再次受孕，诞下一个新生命，就必须有足够的实验作为支撑。但是很显然，洛克没有做过类似的实验，而且也没有人能够做这个实验。夫妻持续的同居生活很容易导致再次怀孕，以至于很难说，在纯粹自然的状态下，偶然相遇或单纯的性冲动，会产生同居状态中那样频繁的妊娠。也许，低频率的妊娠可以让孩子变得更强壮，而且也让女性的受孕能力得到补偿。对于那些年轻时没有频繁生育的女性来说，她的怀孕机能可以延续到较高的年龄。至于孩子，我们有很多理由相信，他们的力量与器官，比我说的那种原始状态，一定发育得要晚。他们从父母的体质中继承了先天的羸弱，过于悉心的照顾限制了四肢的发育，他们从小被娇生惯养，或许还吃着母乳以外的奶水长大，所有这一切都阻碍并延缓了他们最初的自然发展。他们被迫将注意力集中在千头万绪的事情上，而他们的身体却得不到锻炼，这同样会严重干扰他们的发育与成长。因此，如果我们不以千百种不同的方式使他们的精神不堪重负、过度疲劳，而是允许他们在持续运动中锻炼自己的身体，那么他们很可能会更早地开始走路、活动和自力更生。

总之，洛克先生最多只能证明，当女人生了孩子以后，男人可能有与她同居的动机，但他根本不能证明，在女性分娩前和怀孕的九个月期间，男人有与她同居的任何必要性。对于男人而言，如果一个女人在怀孕九个月期间，完全变成一个陌生人，那么他为什么要在她分娩后照顾她呢？既然他没有预料到孩子的出生，也没有决心成为孩子的父亲，甚至不知道这个孩子是否是他的血脉，那么他为什么要帮忙抚养孩子呢？很显然，洛克先生把还存在疑问的事情当作前提了，因为重点不在于为什么女性分娩后，男性还会待在她身边；重点在于为什么女性怀孕后，他们还会保持关系。欲望满足之后，男人不再需要一个特定的女人，女人也不再需要一个特定的男人。男人不再为发生的事情烦恼，也许他根本不知道接下来会发生什么。两人从此分道扬镳，一个向左，一个向右，而且没有任何迹象表明，他们在九个月之后还会记得彼此。因为正如我在文中论证的那样，一个人对另外一个人，通过繁衍后代的行为而产生偏爱之情，需要人类的认知有更大程度的提高或退化，而人类在动物状态下是不可能达到这种程度的。因此，另一个女人可以完全满足男人的新欲望，就像他之前遇到的那个女人一样；而另一个男人也可以用同样的方式满足这个女人的欲望，甚至在怀孕期间他也会受到欲望的驱使，虽然有人质疑这个可能性。如果在自然状态下，女人怀孕后就不再有性欲，那么阻碍她与男人交往的障碍就更大了，因为这样一来，她既不需要那个让她怀孕的男人，也不需要其他男性。因而，男人没有理由去追求同一个女人，女人也没有理由只找同一个男人。洛克先生的论证被彻底推翻了，这位哲学家的论证未能使他避免霍布斯和其他人所犯的错误。他们必须解释一个自然状态中的事实，在这种状态下，每个人都独自生活，与其他人没有任何联系，没有一个人有理由要待在另一个人身边，即便待在一起，也一定是出于某种原因。这些哲学家没有抛开时代和社会背景去思考问题，也就是说，他们没有追溯到尚未建立社会以前的情况，而是想当然地认为男人和女人有各种理由需要生活在一起。

[注释十三]我不打算从哲学的角度对这种语言结构进行评判。似乎还轮不到我来指点，因为某些文人将他们的特权看得太重，以至无法忍受我的意见。但还是有些人敢于站在理性这一边，提出和多数人相反的意见，而且不会受到他们的责难，那就让他们进行辩驳吧！

"如果人类能够摆脱语言的多样性带来的混乱和困惑，如果人们习惯用一种方式进行表达，并能通过符号、动作和手势来表达自我，那么人类的生活会更便捷。但实际的情况是，我们通常认为野蛮的动物，却比人类要好得多，因为它们能以更直接、更快速的方式表达它们的情感和思想。在这一点上，它们比人类更优越，尤其是当人们使用外语的时候。"

[注释十四]柏拉图指出，离散的数量及其关系的概念对任何艺术都是必要的，并大肆讽刺了和他同代那些声称帕拉墨得斯①在围攻特洛伊时便已经发明了数字的人。柏拉图宣称这种说法就好像阿伽门农在此之前都不知道自己有几条腿似的！事实上，如果在围攻特洛伊时期，人类没有数字和计算的能力，那么社会和艺术就不可能达到那种程度。但是，在获得其他知识之前必须先认识数字的事实，并不能使数字的发明变得易于想象。一旦知道了数字的名称，就很容易阐明它们的概念、解释它们的含义。可是，想要发明数字，就必须在拥有这些概念之前，先习惯于哲学思考，并学会从事物的唯一本质出发，不依赖任何其他的感知方式来思考事物。这是一个非常困难、形而上的且非常不自然的抽象行为。但是，没有这种抽象，概念就不可能从一个物种或类别转移到另一个物种或类别上，数字也不可能成为普遍的概念。一个野蛮人可以分开考虑他的左腿和右腿，或者将它们视作一个不可分割的整体，但绝不会意识到他其实有两条腿。原因在于一个描述事物的表征概

---

① 帕拉墨得斯是希腊神话中的英雄。他与骰子、数字和字母的发明有关。

念与定义事物的数字概念是完全不相同的。野蛮人甚至不能数到五，即使他把双手叠在一起，可能只会注意到这两只手刚好完全对应，但绝不会想到两只手的手指数量是相等的。对他而言，不知道手指的数目，正如同不知道头发的数目一样。如果有人先让他明白数字的概念，再告诉他，他的手指和脚趾是一样多，那么当他把它们放在一起比较时，也许会大吃一惊，因为他发现这是真的。

[注释十五]我们一定不能将自尊心和自爱心混为一谈，因为无论在本质上，还是在效果上，这两种感情都是截然不同的。自爱是一种自然的情感，它使每一种动物都倾向于保护自己，在理性的引导和怜悯的修正下，它在人身上产生了人性和美德。自尊心不过是一种相对的、不自然的情感，它产生于社会之中，使每个人把自己看得比任何其他人都重要，它促使人们彼此间相互伤害，是荣誉心的真正来源。

既然明白了这一点，我可以说在我们的原始状态中，即在真正的自然状态下，自尊心是不存在的。因为，每个人都将自己看作观察自己的唯一观众，是这个世界上关心自己的唯一存在，是自我价值的唯一评判者，所以那些由比较而产生的情感，就不会存在于自己的心灵之中。出于同样的原因，人既然不能感受恨意，就不会想到报复，因为这些情绪只有在我们认为自己受到了某种侮辱时才会激起。由于构成侮辱的是蔑视或加害的意图，而不是伤害本身，因此对于那些既不会相互欣赏，也不会相互比较的人而言，即使涉及某些利益，彼此施以暴力，也绝不会互相侮辱。总之，每个人看他的同类，就像是看另一种动物一样，他们可能会从弱者手中抢夺食物，或被迫将自己的食物让予强者。但是，他们只会将这一切当成自然事件，而不会有丝毫傲慢或鄙视的情绪，除了成功的愉悦与失败的痛苦之外，不会有其他任何情感。

[注释十六]值得注意的是，这么多年来，欧洲人一直煞费苦心地引导世界各地的野蛮人接受他们的生活方式，但到目前为止，他们没能说服其中的任何一个人。即使借助基督教，也于事无补，因为我们的传教士虽然可以让他们变成基督徒，但无法给予他们所谓的文明。这些野蛮人对于接受我们的习俗、采纳我们的生活方式产生的抵触、厌恶之情，似乎任何事情都无法化解。如果这些可怜的野蛮人真的如我们想象的那样不幸，那么到底是什么原因，使得他们拒绝像我们一样变得文明，拒绝在我们中间幸福地生活？而我们却在无数地方读到，法国人和其他欧洲人自愿逃到野蛮人的部落中，甚至在那里度过了一生，从此再也无法脱离这种奇怪的生活方式。甚至一些有见识的传教士都会无比感动地怀念他们曾在那些被人们如此看不起的民族中度过的那段安详、无邪的日子。如果有人说，野蛮人没有足够的智慧，无法对他们的状态或我们的状态

做出正确的判断，那么我会反驳说，对幸福的评判无关理性，而是关乎情感。此外，这种回答还可以更有力地反驳我们文明人：虽然野蛮人的观念离我们的生活方式很远，但我们的想法与野蛮人在他们的生活方式中发现的乐趣相比却可能更远。事实上，通过观察，我们不难发现，我们所有的努力只为了两个目标：一是为了自己生活舒适，二是使自己得到别人的尊重。但是，一个野蛮人快乐地在森林中，过着孤独的生活，或者捕鱼，或者吹着一支简陋的笛子，虽不会吹出什么旋律来，但他们也不在意能不能学会吹奏，我们又怎能理解其中的快乐呢？

人们曾多次带着野蛮人来到伦敦、巴黎和其他城市，迫切地向他们展示我们的奢华、财富以及所有最有用、最奇特的艺术。他们只会对此进行愚蠢的赞美，却没有任何觊觎之意。我还记得大约三十年前，有一位北美洲的酋长被带到英国王室前。人们将几千样东西放在他面前，让他挑选一件最喜欢的礼物，却没有一件是他喜欢的。最后有人看到他拿起一条羊毛毯，并将它披在肩上。旁边立即有人问："您至少承认这件东西是有用的吧？"他回答说："是的，我觉得它似乎和兽皮一样好用。"假如他在下雨天披着这块毯子出去，或许连这句话都不会说了！也许有人会告诉我，每个人都有自己独特的生活习惯，因此也是习惯使得野蛮人无法体会到我们这种生活方式的好处。从这一点来看，习惯好像有一股奇特的力量，让野蛮

149

人沉迷于我们所谓的悲惨中,甚于欧洲人活在快乐的生活中。但是为了给这种说法一个不容置疑的回答,我不会提到所有那些被迫文明化的年轻野蛮人,也不会提那些被带到丹麦抚养教育的格陵兰人和冰岛人,他们最后都因为悲伤和绝望而殒命,有的郁郁而终,有的在游回故国的大海中丧生。我只列举一个有充分证据的例子,供那些欧洲文明的仰慕者探讨。

好望角的荷兰传教士曾尽一切努力,也没能使任何一个霍屯督人皈依基督教。开普敦总督范德斯特尔收养过一个霍屯督人,让他从小在基督教教义和欧洲文化习俗中成长。人们给他穿上华丽的衣服,教他学了多种语言。他也没有辜负人们的教导,很快就取得了显著的进步。总督对他寄予厚望,将他与一位专员一同派往印度。专员也很器重他,让他负责公司的各项事务。这位专员去世后,他回到了开普敦。回来后没几天,在一次与霍屯督族人的见面中,他决定脱掉华丽的欧洲服饰,重新穿上一张羊皮。他穿着这身新装,带着一个包裹(包裹里装着他以前的衣服),回到了城堡。他把这些衣服转交给总督时说:"先生,请您垂鉴,我将永远放弃这些装束,放弃基督教的信仰。我决意在我祖先的信仰、习惯和风俗中生活和死亡。我唯一的请求是,请赐给我身上佩戴的项链和短刀。我将因为敬爱您，而好好保管它们。"话音刚落，甚至不等范德斯特尔回答，他就离开了，从此再也没有人在开普敦见到他。

[注释十七]也许有人会反对说，在这样的骚乱中，如果对人们的分散没有任何限制的话，那么人们就不会相互残杀，而是会分散到各地。但是，首先，这些限制至少是地面本身的限制，如果考虑到自然状态下的人口数量会激增，我们会发现，在这种状态下，地球很快便会挤满了人。其次，假如灾祸来得猝不及防，甚至在一两天内就发生重大变故，那人们可能也会四散而居。但实际上，人生来就处于枷锁之下，当他们感受到这些枷锁的重量时，就已经习惯于戴着它，之后再等待着挣脱它的机会。最后，当人们已经习惯了迫使他们聚集在一起的各种便利后，再让他们分散开来就不如在原始时期那么容易了。要知道，在那个时候，每个人只对自己有需求，每个人都可以自主地做决定，不需要征得他人的同意。

[注释十八]德·维拉尔元帅叙述在一次战役中，因一位粮食老板过度欺瞒，致使士兵生活很苦，军中不免发生怨言。他严厉地斥责了这位商人，并威胁他要将他处以绞刑。"你的威胁对我不管用！"这个老板却满不在乎地回答道，"我不怕告诉你，没有人敢绞死一个拥有十万财产的人。"这位元帅后

来还天真地说:"我不知道为什么会出现这种情况,但这个人最后真的逃过了绞刑,尽管他罪大恶极。"

[注释十九]公平分配原则虽然适用于文明社会,但这种公平却与自然状态下严格意义上的平等相对立。由于国家的所有成员都有义务根据自己的才能和力量为国家服务,所以公民也应该根据他们的贡献受到提拔和优待。我们应当从这个角度去理解伊索克拉底①关于古雅典人的论述。他称赞古雅典人已经能够很好地区分两种平等中哪一种是最有利的:第一种是不加区分地给予所有公民同样的好处;第二种则是根据每个人的功绩来分配这些好处。这位作家继续说:"这些精明的政客摒弃了这种不将好人和坏人进行区分的不公正的平等,选择了另一种根据每个人的功绩进行赏罚的平等。"然而实际上,无论社会堕落到何种程度,都不会沦落到善恶不分的地步;其次,在道德品行方面,由于法律无法制定精确的标准作为法官行事的依据,因此,为了不使公民的命运或地位完全掌握在法官的手中,法律只准许法官判断行为的是非,而不能评判个人的善

---

① 伊索克拉底,是希腊古典时代后期著名的教育家。伊索克拉底具有强烈的爱国主义精神,他不断称颂希腊人尤其是雅典人的光荣历史,希望希腊成为一个超越城邦的统一国家。有些史书认为他的这种政治理想充分暴露了奴隶主统治阶级的侵略野心,有些史家则认为,这个理想是符合希腊社会发展进程的。

恶。这种做法是相当明智的。只有像古罗马人那样纯洁的道德品行，才经得起法官的审查，若在我们中间设立这样一个法庭，很快就会引起混乱。区分好人和坏人，当付之于公众的评论。法官只是法律上严正的裁判者，人民才是道德上真正的审判者，甚至可以说是一位正直的、经验丰富的审判官。虽然人民偶然也会被蒙骗，但永远不会被腐蚀。因此，公民的社会地位不应该根据他们个人品德的优劣来决定，因为这样只会给予法官随意解读法律的权力，而应该根据他们对国家的实际贡献来决定，只有这样才能更准确地做出评判。

附录

菲洛普利的来信[①]

先生，我刚刚读完日内瓦的让-雅克·卢梭先生的《论人类不平等的起源和基础》。我对这幅奇特画卷的浓烈色彩深感钦佩，却难以同样赞赏其构图与表现。我极为珍视卢梭先生的才华与功绩，并衷心祝贺我的祖国日内瓦能将他列入其所孕育的众多伟人之列。然而，我不得不遗憾地指出，他采纳了在我看来既背离真理、又有损人类福祉的观点。

[①] 1755年10月，《法兰西信使报》刊载了一封署名"菲洛普利"（Philopolis）的信函。此名意为"爱城人"，在日内瓦作为独立共和国的背景下，亦可阐释为"爱国者"。实际作者为博物学家查尔斯·博内特，他出身于日内瓦统治阶层家庭，并担任该市管理机构"两百人议会"的成员。博内特自卢梭的《论科学与艺术》起即持反对立场，最终成功促使日内瓦官方谴责了卢梭的著作《社会契约论》与《爱弥儿：论教育》。

无疑，针对这篇新作的批判，必将如同针对那篇赢得第戎学院奖的论述一样层出不穷。恰恰是这些针对卢梭先生源源不断，甚至将绵延不绝的批判，反而会让他更执着于那个本已过度沉溺的悖论。我无意撰写整部著作来反驳卢梭先生，并且深信在所有方法中，争论对这位大胆而独立的思想家最无裨益。因此，我仅奉上一个简单的论证，并恳请他深入思考，因为它似乎直指问题核心。

以下是我的理由。

凡是直接源自人类能力的事物，难道不都应该说是源自人类的本性吗？我认为，社会状态直接源自人类的能力，这一点可以很好地证明。无须向我们这位博学的作者援引其他证据，仅需提及他自己关于社会建立的观点即可——那些在他论述的第二部分中精妙阐述且文采斐然的观点。因此，既然社会状态源于人类的能力，那么它就是人类的自然状态。那么，抱怨这些能力在其发展过程中催生了社会状态，就如同抱怨上帝赋予人类这些能力一样悖谬。

人类正是为了适应其在宇宙中应有的位置而被塑造的。显然，需要有人建造城市，如同需要河狸建造巢穴。卢梭先生认为人类与野兽的根本区别在于可完善性，而根据该学者自己的观点，这种可完善性必然驱使人类发展至我们今日所见之境地。若想否认这一点，无异于企图否认人之所以为人。翱翔于云端的雄鹰，难道会像蛇一般在尘埃中爬行吗？

卢梭先生笔下的"野蛮人"，那个他如此自得地珍视的形象，绝非上帝所创造的人；上帝创造的是红毛猩猩和猴子，但它们并非人类。

因此，当卢梭先生如此激烈且顽固地抨击社会状态时，他实则是在无意间对抗上帝的旨意——正是上帝创造了人类并命定了这种状态。事实难道不正是上帝神圣旨意的体现吗？

当作者以勒布伦的画笔，向我们描绘文明社会所孕育的种种苦难的骇人景象时，他却忘记了我们目睹这些事物的星球，仅是浩瀚整体的一隅；我们对此整体虽一无所知，却深知它是完美智慧的杰作。

因此，让我们永远放弃那种"人类若以另一种方式存在会更好"的乌托邦式证明吧。建造如此规整蜂房的蜜蜂，难道会去评判卢浮宫的外立面吗？凭着常识与理性，让我们接纳人类本来的面貌，接纳其所有的依附关系；让世界顺其自然，并确信它已然尽善尽美。

倘若需要向世人证明天意的合理性，莱布尼茨和波普已然完成，这些崇高天才的不朽著作是理性荣耀的丰碑。卢梭先生的论述是一座献给才华的丰碑，但却是献给心怀不满、自怨自艾的才华。

倘若我们的哲学家愿将其智慧与才华倾注于揭示事物的起

源，向我们展示善恶或快或慢的发展历程，简言之，追溯人类所描绘的曲折轨迹；那么这位独创且丰产的天才的尝试，必将为我们带来关于这些重要主题的宝贵洞见。届时，我们将欣然汲取这些知识，并向作者献上他应得的感激与赞扬——我相信，这并非他研究的主要目的。

先生，令人惊异的是（若非被要求更多地思考人类意见多样性的根源，我会更加惊异），一位深谙良好政府优势的作者，一位在他致我们共和国的优美献词中如此精彩地描绘了这些优势，并认为它们尽汇于此的作者，竟在其论述中如此迅速而彻底地忽视了它们。人们徒劳地试图说服自己：一位无疑会因不被视为明智而深感不悦的作者，当真宁愿在森林中度过余生（倘若其健康允许），也不愿生活在他所珍爱且值得珍爱的同胞之中。谁能想到，在这样一个时代，一位思想家竟会提出如此怪诞的悖论？这悖论本身便蕴含了诸多不合逻辑之处，遑论其他更严厉的批判了。倘若自然赐予我们健康，我几乎可以断言，反思状态是一种反自然的状态，而耽于沉思的人，便是一种堕落的动物。

我在信的开篇便有所暗示；我的目的绝非要通过论证向卢梭先生证明公民状态优于野蛮人状态——这已有足够多的他人代劳，或许不做反倒更好；谁承想这竟会成为一个问题！我唯一的目的是试图让我们的作者明白，他那持续不断的抱怨是多么多余且不合时宜，以及社会显然是我们存在目的的一部分。

我以同胞的身份，向卢梭先生表达了十足的坦诚。我对其高尚品格的理解如此深刻，坚信他定会欣然接受这些思考。唯对真理的热爱驱使我写下这些文字。然而，倘若我在写作过程中，不慎道出任何可能冒犯卢梭先生之言辞，我恳求他的宽宥，并请相信我的意图纯粹无瑕。

最后容我再赘一言，关乎"怜悯"——这备受我们作者推崇的美德，在他看来，实乃人类在世界稚嫩蒙昧的初期最美好的禀赋。我恳请卢梭先生深思以下诸问：

一个从未历经苦痛之人，抑或其他任何有感知的生灵，会怀有怜悯之心吗？当他目睹一个孩童遭屠戮，会心生怜悯吗？

为何卢梭先生眼中饱含怜悯之情的黎民百姓，竟如此趋之若鹜地围观一个不幸者在刑架上垂死挣扎的景象？

雌性动物对其幼崽流露的舐犊之情，其对象是幼崽本身，抑或是母亲？倘若恰是后者，那么幼崽的安泰难道不会因此得到更周全的守护吗？

此致敬礼，顿首。

日内瓦，1755 年 8 月 25 日。

虔敬的日内瓦公民 菲洛普利

卢梭致菲洛普利的信

先生，您在来信中问了我几个问题，想必也希望我能回答您。同时，这本书是献给我的同胞的，为了不辜负他们赋予我的荣耀，我有义务为之辩护。您对我或好或坏的评论，我就不提了，因为它们几乎互补，我不太有兴趣，对公众而言，可能更没兴趣，所有这些也无助于探求真理。因此，我将从您对我提出的论点开始说起。

您告诉我，社会起源于人的禀赋和天性。一个没有社会性特征的人类，就不应该被称作人类。您还认为，批判人类社会就等同于批判上帝的旨意。先生，在解决您的困难之前，请允许我先提出一个问题。当然，如果能找到一条捷径，那我就不会这样拐弯抹角了。

假如某一天，某些学者发现了加速变老的秘密，并鼓励人们采用这一新奇的技术。显而易见，想要说服人类使用这种技术似乎并非难事。要知道，承载了人类所有愚蠢的理性是不会让我们错过这次机会的。尤其是哲学家，以及那些有学问的人，为了挣脱欲望的枷锁，获得灵魂的片刻安宁，他们会大踏步地奔向涅斯托尔的时代。同时，为了摆脱那些应该抑制的欲望，他们也甘愿放弃那些本应该享受的欲望。只有少数冒失鬼，对自己的柔弱感到羞愧，才会渴望永葆年轻和快乐，而不愿像那些智者那样为了追求智慧而情愿让自己快速老去。

假如有一个思想奇特、观点怪异的人，总之，就是一个总喜欢发表一些奇怪言论的人，这时竟站出来，指责别人头脑愚蠢，并向他们证明，追求宁静就如同走向死亡；让他们知道，不管是多么理智的人，一旦变老，也只会颠三倒四地说话；告诉他们，就算每个人终有一天会老去，也至少应当让这一天来得更晚些。

毫无疑问，那些诡辩者们因为害怕自己的观点受到抵制，必会迫不及待地打断这位惹人讨厌的讲话者。他们会对自己的追随者说："年迈的智者们，感谢上帝的恩惠吧，并庆幸你们始终追随它的旨意。的确，你们确实衰老了，行动迟缓，体质虚弱，这些都是人类无法逃避的宿命。但是，你们的头脑会依然保持理性；虽然你们的四肢都麻痹了，但你们的精神却变得更加自由了；虽然你们的行动变得困难了，但你们却能像哲人般讲话；虽然你们遭受的痛苦越来越多，但你们的哲学思想会变得越来越有深度。可怜的年轻人，短暂的健康只会让你们失去体弱多病的好处。这份虚弱是多么难能可贵，它会把许多药剂师召集在你们身边，为你们提供越来越多的药剂，以减轻你们痛苦；它还可以为你们召集许多名医，为你们把脉，这些名医能用希腊文说出所有风湿病的名称；那么多虔诚的慰问者和忠实的继承者陪伴你们左右，直到生命的尽头。如果你们不受所有这些痛苦的磨砺，就不会得到如此悉心的诊疗和关心。"

没有想到的是，他们在斥责这位冒失的反对者时竟说了这样的话："请停止你那些夸张、冒失又不虔诚的言论吧！你胆敢指责人类造物主的意愿吗？衰老状态难道不是人体构成的必然结果吗？人类变得衰老难道不是自然规律吗？在你那具有煽动性的言论中，除了攻击自然法则和造物主的意愿之外，你还做了什么呢？既然人会变老，造物主也希望他变老，这一事实难道不是造物主意愿的体现吗？你承认吧，保持年轻青春并不是神创造人的目的，遵从他的旨意，人类就必须加快变老。"

先生，我请教您，面对这些既定的假设，这位提出不同意见的人应当保持缄默，还是做出回应呢？如果他必须回答的话，请告诉我，他应该说些什么？如果您可以向我指明他应该说的话，那么我就会尝试回应您的反对意见。

您企图以我体系中的观点来攻击我，但请您不要忘记，在我的观点之中，社会对于人而言是自然的，就像衰老对于人而言是自然的，同样人们也需要艺术、法律和政府，正如同老人需要拐杖。这两者唯一的不同就是：衰老状态是由人体的特质引起的，而社会状态则是由人类这一种族的性质决定的。因此，社会状态不是像您说的那样，在人类存在之初便存在了，而应该像我证明的那样，是人类在一系列外部环境的作用下，加速或缓慢形成的。正因为部分外部环境的形成与否完全取决于人类的意志，所以为了确保论证的客观公正，我不得不假设人类个体拥有加速衰老的能力，就像整个人类物种拥有延迟衰老的能力一样。因此，社会状态迟早有一天会出现人类统治的极端状况，所以向人们展示前进过快的危险，并告诉他们为了人类物种的完善而做出的种种努力恰恰会给人类带来灾难，并非毫无用处。

通过列举那些人类遭受的由人类自己造成的苦难，莱布尼茨和您却告诉我：凡是存在的事物就是好的，因此神性是被证实的。但是，我并不认为上帝的旨意需要通过莱布尼茨哲学或者其他任何人的哲学来证明。请您仔细想一下，世界上真的存在一种哲学体系，能比宇宙万物更加无可非议吗？为了证实神意，一个哲学家的论证会比上帝自己的杰作更具有说服力吗？另外，不承认恶的存在只不过是那些作恶者为自己的罪责开脱的借口罢了。斯多葛学派的学者就曾经让自己荒谬到如此地步。

根据莱布尼茨和波普的说法，凡是存在的事物就是好的。社会之所以存在，是因为公众的利益希望它存在；如果社会不存在，同样是因为公众利益不希望它存在。如果有人能够说服大家回到森林居住，那么对于他们而言，回到森林里生活是件好事。我们无法孤立地判断一个事物的好与坏，因为判断一个事物的好坏必须从不同事物之间的关系出发。即使一个事物本身是坏的，它相对于整体来说也可能是好的。而那些符合公众利益的事情，可能对于个体而言是坏的，使这个人迫不及待地想要摆脱它。当个体遭遇坏事时，这个坏事可能对整体是好的，那么与这个坏事相对立的好事只要能实现，也是有用的。同样，凡是存在的事物就是好的，如果有人想改变事物的状态，这是一个很好的想法，至于这个尝试是好还是坏，我们只能从事物本身去评判，而不能从道德理性的角度去判断。因此，个别的坏事对于忍受坏事的人来说并不是真正的坏事。人类接受文明教化是一件好事，因为我们的现状如此，但如果我们能够不被文明化，是否会更好些？莱布尼茨在他的论证中没有提出任何反对这一命题的理由，而且很明显，对于我提出的论题，乐观主义者既没有提出支持，也没有表达任何反对。

因此，我并不反对莱布尼茨和波普，而仅仅反对您一人。您未能很好地区分这两位哲学家否认的普遍的恶与他们并未否认的个别的恶,就声称事物的现存状态都是好的,它们不会以其他方式存在。但是,先生,如果凡是存在的事物都是好的,那么所有先于政府和法律出现的,都必然是好的。这么一来,建立它们至少是多余的,并且按照您的体系分析,卢梭反驳菲洛普利也是徒劳的。如果在您的理解中,凡是存在的事物就是好的,那么为什么还要去弥补我们的不足、治疗我们的疾病和纠正我们的错误呢?我们的教堂、法院和学校又有何用?发烧时为什么要叫医生?您从何得知那些被您忽略地对全体民众有利的事情不需要您来宣扬,生活在土星或天狼星的居民的健康不会因你的康复而受到影响?如果一切事物都处于最佳状态,您就应该指责任何一个行为,因为所有的行为都会不可避免地对事物的现状造成改变。如果每个行为的发生必将导致不好的结果,那么最终,沉默将成为人类唯一的德行。最后,如果存在即为好,那么那些不需要我们治理的民族,如拉普人、因纽特人、阿尔冈昆人、奇卡卡斯人、加勒比人,以及对我们的治理不屑一顾的霍屯督人,还有对我们的治理交口称赞的日内瓦人,这些都是好的。恐怕就连莱布尼茨本人也会同意这个说法。

您说,人类的处境是由其在宇宙之中占据的位置所决定的。但是,由于时代和地域的不同,人和人之间的差异有如此之大,所以使用同一套逻辑,我们从个别到普遍得出的结论必将矛盾重重，无法服众。只要地理位置出现一处偏差，就足以推翻人类关于事物本质的论断。印第安人会说："河狸生活在洞穴中，人类应该在露天下，躺在树上睡觉。"而塔塔尔人则会说："不是这样的，人类应该是躺在平板车上休息的。"这时候，我们的菲洛普利先生会以一种怜悯的口吻说："可怜的人啊，难道你们不知道人们本应住在建好的城池里吗？"在探讨人类本质的时候，真正的哲学家既不是印第安人、塔塔尔人，也不是日内瓦人、巴黎人，而是全体人类。

如果有人说，猴子是一种野兽，我是赞同的，在这之前我已经给出了理由。但是，如果您说猩猩也是野兽，从我掌握的证据来看，这个论断是毫无根据的。对于这个问题，您费尽心力地解答，但最后却和那些旅行家一样，如此轻率地将我们的同类列入野兽的行列。因此，您只好强迫大众接受您的观点，甚至培养一些自然主义者，让他们使用您的方法来讨论这个问题。

在献词中，我称赞我的国家拥有世界上最好的政府。我在文章里也指出好的政府是罕见的，但我在其中并没有发现您所说的矛盾。先生，您又怎么知道，如果我身体健康的话，就会回到森林里生活，而不是与我深爱的同胞们共同生活呢？我在作品中不仅没有表达过这样的观点，还可以找出许多证据证明，我不会选择这种生活方式。我太清楚自己无法离开与我同样堕落的人类，独自一人生活。就算那些智者（如果世上还存在智者的话），他们也不会去沙漠中寻找自己的幸福。如果条件允许的话，我们应该让自己在祖国定居，热爱它，为它做贡献。即便有人无法做到这一点，至少他们也能在人类大家庭的友爱中幸福地生活。在这一开放、广阔的庇护所中，理性的智者与顽皮的年轻人可以安逸地生活在一起。这里充满了仁慈、热情、温馨以及一个好的社会应具备的所有的优点；在这里，穷人也能找到朋友，找到自己前行路上的榜样，拥有能够启发自己、为自己指明方向的理性。正是这个掺杂着幸福、美德与罪恶的大舞台为我们提供了幸福的生活。但是，每个人都必须在自己祖国的怀抱中结束自己的一生。

先生，您在信中对我大肆批判的那个论点，在我看来却是很有道理的。且不论这一观点正确与否，但您显然曲解了我在文中的原意。您在信中说："如果自然赋予我们的是神圣，那么我几乎可以断定：思考必然是一种违背自然的行为，而且从事反思的人类必定是反常的动物。"我现在可以回应您，如果这句话属实，我确实混淆了健康与神圣，那我岂不是必定可以在另一个世界变成一个大圣人，或者至少在这个世界身体健康、诸事顺利。

先生，我将回答您向我提出的三个问题。对于这三个问题，我不需要做过多的思考，因为在这之前，我已经思考很久了。

　　第一个问题，您问我："一个人，或任何一个有感情的动物，如果他们从来没有经历过痛苦，那么在看到一个儿童被杀死时，他们会有怜悯心，以及他们会变得激动吗？"我的回答是，不会。第二个问题，您问我："为什么被卢梭称为充满怜悯心的下等公民，会热衷于欣赏车轮下不幸儿童惨死的画面呢？"我的回答是，他们拥有的怜悯心，与您观看戏剧时会流泪，在看见赛德弑父或者堤厄斯忒斯饮下儿子鲜血时流泪是一样的。怜悯心是一种奇妙的感情，以至于所有人都想去体验。此外，每个人身上都有一种隐秘的好奇心，当无可逃避的恐惧时刻来临时，每个人都想去探寻人类面临危险时的真实心态。除此之外，在目睹之后，他们还有无尽的乐趣：在长达两个月的时间里，他们可以到街区的任何地方尽情地演讲，向邻居动人地讲述那个人在车轮下惨死时的美妙景象。第三个问题，您问我："雌性动物表现出的慈爱是出于为幼崽考虑，还是仅从母亲本身考虑呢？"我的回答是，一开始是出于母亲自身的需求，后来因为习惯，它们开始从幼崽的需求考虑。关于这一点，我已经在文中说过了。如果雌性动物出于后者考虑，那么幼崽就能够得到更多的保障。我同意这一说法，但它的适用范围不能无限扩大，因为我看到，当小鸡被孵化出来之后，母鸡对小鸡的需求也就没那么大了。

先生，以上是我的回答。此外，请注意，在这封信以及之前的文章中，我一直认为人类的本性是善良的，而我的对手为了教导社会大众，总是不断地证明，自然创造的人类天生就是邪恶的。

一个默默无闻的先生致上

伏尔泰先生的来信

先生，我收到了您抨击人类的新书，十分感谢。您因为说出了人们的真实情况，他们将欣赏您的直言不讳，但对于改变他们的现状，您是无能为力的。谁也不会用更加强烈的色彩描绘人类社会的劣迹，而我们的无知和软弱对此是惯于逆来顺受的。从来没有人费那么大精神只为了把我们说得如此愚不可及。读完您的书，我不禁萌生用四条腿爬行的欲望。可是，很遗憾，由于六十多年前我已经失去了这个习惯，重新这么做，对我而言已然是不可能的，因此，我将这种天然的行走方式让给那些比你我更合适的人。我也不能乘船出发去寻找加拿大的野蛮人。首先，我所患的疾病，非得让我就诊于欧洲最好的医生，而我在密苏里人那里得不到这样的治疗；其次，战争也蔓延到这些国家，野蛮人也几乎变得同我们一样凶残了。我乐于待在我自己选择的、离您的祖国不远的偏僻的乡村里，做一个和平的乡民。

我同意您的看法，文学艺术和科学有时会造成很多的痛苦。塔索①的敌人，让他的一生充满了不幸；伽利略因为发现地球的转动，在七十岁的高龄被敌人投入监狱，痛苦呻吟，更可恶的是，人们竟逼迫他收回自己说过的话。自从我的朋友们开始编辑《百科全书》起，那些胆敢和他们为敌的人就指责他们是自然神论者、无神论者，甚至是冉森教徒。

对许多人来说，遭受迫害就是他们的成就所得到的回报。如果我敢冒昧地把自己算作他们中间的一员，我可以告诉您从我出版《俄狄浦斯王》这部悲剧以来蒙受的损失。攻击我的可笑诽谤数量之多，竟可以填满一整座图书馆。②某一位前耶稣会神父，他曾经受我的帮助而免于处罚，却以诽谤的方式回敬我的恩情。另一个更可恨的人，在印制我的作品《路易十四的世纪》时，乱加评注，其中包含因为无知而捏造的假象。还有一个人，以我的名义，向书商出售所谓的《通史大全》。书店还非常贪婪地印制这部错误百出的作品，里面充满着捏造的日

---

① 塔索，意大利诗人，叙事长诗《被解放的耶路撒冷》为其代表作。
② 在伏尔泰收到卢梭新论文的那个时期，他的一系列通信几乎都是在揭穿那些有意毁坏他名声的阴谋。

期和残缺不全的事实与名称。最后,还有一些又懒又坏的人,竟将出版这本书的责任归咎于我。我希望您能看到我们的社会已经被这些人腐蚀,他们无法像手工艺者或侍者那样诚实地工作。然而不幸的是,他们却懂得如何阅读与写作,知道如何剪裁文学。他们靠我们的作品而活,盗取我们的手稿,并擅自修改,然后出售。

我可以抱怨地说,我有一个三十多年前的愉快小品①,它和让·夏普兰创作的作品有相同的主题,如今这份作品却在这些可耻的贪婪者的篡改下广传于世。他们以愚蠢和恶意对其进行了肆意的扭曲,而在三十年后,他们到处出售这部作品,而这部作品显然不再是我的,而是他们的。最后,我再提一下,在我任职法国史学教授时,他们曾剽窃过我为编辑《1741年战争史》储存于公共档案中的资料,并将我工作的成果出售给巴黎的一位书商。我会向您描述,过去的四十多年来,忘恩负义、肆意欺瞒、剽窃掠夺,从未停止,一直跟着我,直到阿尔卑斯山脚下,甚至一直到我的坟头旁。

但是,必须承认,在人类遭受的种种苦难之中,这是最微

---

① 指《奥尔良的少女》,伏尔泰的这首叙事长诗,是根据17世纪法国诗人让·夏普兰同一题材的史诗《贞女》改写的。他一反过去的传统,创造了一个与现实中的贞德反差巨大的形象。当时流传的版本大多以讹传讹,真正经过伏尔泰允许的版本是在1766年第一次面世的。

不足道的了。这些附着在文学和声誉上的尖刺，同充斥人世间的其他痛苦相比简直是鲜花。你得承认，至少西塞罗、瓦罗、卢克莱修、维吉尔、贺拉斯都不曾遭遇被放逐的命运；马略是一个无知的人；野蛮的苏拉、荒淫无耻的安东尼、愚蠢的李必达未必读过柏拉图和索福克勒斯的作品；还有那个既没有勇气也没有魄力的独裁者，屋大维·图里努斯，后来被人们肉麻地尊称为奥古斯都，他也只是在疏远文人的那段时间里变成狰狞的杀人犯。

你得承认，彼特拉克、薄伽丘并不是意大利骚乱的罪魁祸首；不是因为马罗的一句玩笑引起圣·巴托洛缪大屠杀①；也不是一出《熙德》②话剧酿成了福隆德运动③。所有的滔天大祸都是些有名的无知者犯下的。导致世界成为泪水之谷的原因，一直都是人类无法满足的贪婪和难以遏制的自尊心。这从不识字的托马斯·古里康，直到只会一些数字计算的海关官员，都是

---

① 圣·巴托洛缪大屠杀是法国天主教暴徒对国内新教徒胡格诺派的恐怖暴行，开始于1572年8月24日，并持续了几个月。
② 高乃依所作的《熙德》，是法国第一部古典主义名剧，取材于西班牙史。熙德是历史上的英雄，此剧作于1636年公演时轰动了巴黎。
③ 1648年8月26日，巴黎爆发了一场市民武装暴动，这是法国历史上著名的事件——第一次投石党乱。投石党乱，又称福隆德运动，是紧随法西战争之后爆发的一场法国内战。

如此。文学能够滋润、匡正、安抚心灵。先生,在您著述反对文学时,文学却给您带来了荣誉。您就像阿喀琉斯一样,有了荣耀之后,还反对荣耀;您也像马勒伯朗士那样,用他卓越的想象力来攻击想象。

如果有人必须责难文学,那个人应该就是我。因为无论何时何地,它都是对我进行迫害的工具,但是,虽然存在这些流弊,我们仍然应该热爱文学。就像社会中有那么多恶人破坏安宁,但我们仍然应该热爱社会;就像人们无论受过何等不公正的待遇,仍然应该热爱自己的祖国。

查普伊斯先生告诉我,你的健康状况非常糟糕。你应该回到故乡的空气中恢复健康,享受它的自由,和我一起喝我们奶牛的奶,吃我们的青草。

我非常达观地,并怀着最深切的敬意。

1755 年 8 月 30 日

卢梭回复伏尔泰的信

先生，应当是我向您表达全面的谢意。在向您献上我沉思的草案时，我不认为我是在向您献上一份值得的礼物，而是在履行一项职责，把您当作我们所有人共同的领袖，对您表达敬意。此外，我感受到您给我的祖国带来的荣誉，但愿我的同胞们懂得珍惜您给他们的教导。用您的光辉照亮为您提供庇护的土地，启发值得您教诲的人民。您比任何人都懂得如何维护美德和自由，请告诉我们怎样像在您的作品中一样来珍视他们。所有接近您的人，必然都会从您那儿学习如何走向荣耀的大道。

您看得很清楚，我并不希望恢复我们的愚蠢，虽然我个人对失去的一点憨直而深感遗憾。先生，从您的观点看，这种回归将是一个奇迹，它既伟大，同时也很可惜，所以好像只有上帝才能实现，但是只有魔鬼才会愿意。因此您不愿再回到以四条腿爬行的方式，这个世界上没有哪个人会比你更成功地做到。您教导我们大家都挺直腰板、站稳脚跟，您自己就更应当身体力行。

我同意文艺界名人遭受的迫害就是他们的成就所得到的回报；我甚至也同意人类的所有罪恶，都似乎与我们虚妄的知识无关。人类为自己开启了这么多悲惨的源头，以至于一旦发生危险，人们将立即淹没其中。此外，在事物的发展过程中，存在着一些普通人无法察觉的隐秘联系，但当智者希望对其进行反思时，这些联系是逃不过他们的眼睛的。的确，并不是特伦斯、西塞罗、维吉尔、塞涅卡、塔西佗这些人给罗马带来苦难、教唆罗马人犯罪。但是，如果不是这种缓慢而隐秘的毒药逐渐腐蚀了历史上最强大的政府，西塞罗、卢克莱修、萨卢斯特就不会存在，也不会写作。在莱利乌斯和特伦斯那令人感到和蔼的世纪之后，是奥古斯都和贺拉斯的辉煌世纪，最后到塞涅卡和尼禄、图密善和马夏尔的恐怖世纪。文学和艺术的情趣产生于一个民族内在的恶习，并助长了这个恶习。如果说人类的一切进步都是有害的，那么思想和知识的进步则会增加我们的傲慢和错误，加速我们的不幸。但是，我们处在这样一个时代，人们必须用产生恶的因素来遏制恶的发展。就像是必须将剑留在伤口里，以免拔出来后，受伤的人立即因流血过多而死亡。就我而言，如果我从事最初的职业，既不读书也不写作，我无疑会更快乐。然而，如果文学现在遭到毁灭，我反而会失去我唯一的乐趣。正是在文学的怀抱中，我所有的痛苦都得到了安慰；在那些专门从事文学创作的人中，我尝到了友谊的甜蜜，并学会了享受生命而不惧怕死亡。我今天的地位，也是拜文学所赐。因为文学，我才能得到被您认识的荣誉。但是，就像我们在商业中谈论牟利，在作品中，我们谈论真理。虽然需要哲学家、历史学家和学者来启迪世界，引导盲目的人民，但如果睿智的孟农告诉了我真相，我想没有什么比一个由智者组成的民族更珍贵了。

先生，您也同意，如果伟大的天才指导一般人是一件好事的话，那么凡夫俗子就应该接受他们的教导。但如果每个人都热衷于教导他人，那么还有谁要学习？蒙田说："瘸腿的人不适合身体的锻炼，而瘸腿的灵魂不适合心灵的锻炼。"

但在这个知识发达的时代，我们只看到肢体残疾人试图教别人如何走路。人类阅读智者的著作是为了评判他们，而不是向他们学习。剧院里充斥着他们的作品，咖啡厅里回响着他们的格言，报章杂志刊登的都是他们的文章，河堤旧书摊上堆满了他们的书籍。我听说有人批判《中国孤儿》[①]（当时正在

[①] 伏尔泰作于1775年，全剧共5幕，改编自中国元杂剧《赵氏孤儿》。

上演的伏尔泰悲剧作品），那是因为它受到喝彩。这些三流作家，根本不能发现什么缺点，又哪里能在这部悲剧中感受它的美丽。

考察一下给社会造成动乱的首要根源，我们可以发现，人类的一切痛苦更多地来自错误而不是无知。无知造成的伤害，比自以为是造成的伤害小得多。难道不正是因为无所不知的狂妄，使人们一错再错吗？如果人们没有声称知道地球不会转动，伽利略就不会因为说了地球会自转而受到惩罚。如果只有哲学家可以拥有"百科全书"这个头衔，那写《百科全书》的作者就不会遭到迫害。如果那几百位密耳弥多涅人①不曾渴望荣耀，那您就可以享有和平，至少不会有与你相匹敌的对手。

因此，您千万不要因为天才头上的花环里有几根尖刺而感到奇怪。您的敌人对您的侮辱，其实都像是伴随胜利者的欢呼。就是因为您的所有作品广受好评，才产生了您抱怨的剽窃行为。但是，伪造也不是那么容易的，因为铁和铅是不可能与黄金融合在一起的。请允许我基于您的安宁和我们受您指教的好处而告诉您这些。鄙视那些徒劳无益的喧哗，人们不是想伤害您，而是为了干扰您继续写出好的作品。他们越是批判您，

---

① 密耳弥多涅人是希腊神话中忒萨利亚地区的一个部落居民。荷马史诗《伊利亚特》中说，密耳弥多涅人作战英勇，受阿喀琉斯指挥。

您便越受人尊敬。写一本好书，是对伤害您的人最有力的回应。还有，只要您的作品是无与伦比的，谁又有这个能力，将不是您写的作品归于您的名下呢？

感谢您的邀约。如果这个冬天我身体好的话，就能在春天出发前往我的祖国定居，我会因接受您的好意而获益。但是，我总认为，喝泉水比喝牛奶更好。至于您园中的青草，我担心那儿只有不能用来喂食动物的莲花①，或是只有防止我们转变成动物的魔力草②。

我全心全意地向您致敬。

1755 年 9 月 10 日

---

① 莲花的西方文学原型是一种令人安逸、忘却归乡的魔果。
② 魔力草是荷马史诗《奥德赛》第 10 卷中提到的一种神奇草药。在荷马的《奥德赛》中，赫尔墨斯将他的草药给了奥德修斯，以保护他在前往喀耳刻的宫殿营救他的朋友时免受喀耳刻的毒药和魔法的伤害。

***

人类的一切不平等,
都是文明进步的代价。